中野 崇
Nakano Takashi

ハイ・パフォーマンス理論

競技場《ピッチ》に立つ前に
知っておきたい
「からだ」のこと

晶文社

ブックデザイン―渡邊雄哉（LIKE A DESIGN）
撮影―川本聖哉
図解デザイン―髙井愛
編集協力―田村菜津季
衣装協力―ニューバランスジャパン

はじめに

この本を手に取っていただき、ありがとうございます。

スポーツに関わってきた人の中には、怪我や不調に悩まされたり、努力の成果が出なくて苦しんだ経験がある人は多いのではないでしょうか。

私もそのひとりです。大学まで野球に取り組んだのですが、投手をしていた中学校や高校時代は怪我が絶えず、リハビリに取り組んだ期間も少なくありません。

リハビリに取り組み、回復することでまた競技に戻っていった経験が基になってトレーナーになったり、トレーニングに関わる仕事を志す人は比較的多いと思います。

彼らと私の決定的な違いは、私の場合**「全然治らなかった」**ということにあります。怪我をしてからスポーツ整形外科のドクターに教えてもらったトレーニングに取り組んだり、整骨院の先生やスポーツトレーナーの人にもアドバイスを貰ったりして、回復のための努力にかなりの時間を費やしました。

しかし、少し良くなったかなと思っても、また怪我をしたり、身体に不具合が出たりして、完全に良くなることはなく、私の身体が万全になることはないんだな、と諦めかけたこともありました。

しかし、そんな怪我の繰り返し〝体質〟を抱えていた私にも転機が訪れます。

きっかけは、独学でトレーニングについて勉強したことにありました。

中学三年生の頃にインナーマッスルの本をたまたま見つけ、初めて触れる理論がとても興味深く、熱心にそれを研究したのです（専門的にはローカルマッスルといいます）。

その頃は「筋肉」といえばすなわち「アウターマッスル」のことで、筋肉を鎧のように肥大させ、ムキムキになることが、「筋肉を鍛える」ということであると多くの人が考えていたと思います。

実際、スポーツドクターから教わったトレーニングはそこに分類されるものでしたし、私自身も何の疑問も抱かずにアウターマッスルだけを鍛え続けていた時期がありました。たしかにムキムキにはなり、見た目も変わり、トレーニングの達成感も得られるのですが、たとえば取り組んでいた野球において、そうしたトレーニングのおかげで肩や肘が上手く使えるようになっている、とは感じられませんでした。つまり、アウターマッスルばかりを鍛えても、怪我が減ることはなかったのです。

インナーマッスルという概念に出会った私は、それらを鍛えるためのトレーニングを自分なりに考えていきました。

当時は、今ではどのスポーツショップでも手に入るインナーマッスル用のチューブすら、どこにも売っておらず、自作したものを使っていました。行っていたトレーニングは非常に地味で繊細な動きの繰り返しで、しかも前例や正解がはっきりわからないままの試行錯誤でしたが、それでも少しずつ身体のポテンシャルが良くなることが感じられ、続けていけたのです。時間はかかりましたが、そういった積み重ねが怪我の繰り返しからの脱却に大きく役立ったと思っています。

怪我の繰り返しから抜け出せないという辛いことを経験し、自分なりに身体について学んでいく中で「将来は、自分自身がトレーナーになって、私と同じように、治らない状態の辛さやしんどさを味わうような人を減らしたい」という思いを強く抱くようになりました。

それが本書執筆の出発点です。

トレーニングの最適化

理学療法士として、そしてトレーナーとして多くの方と関わってきた中で、「努力しても報われない人」をたくさん目にしてきました。まさに昔の私です。

彼らはなぜ、これだけ頑張っても、強く、上手く、怪我のない身体を手に入れることができないのでしょうか？

しかしその一方で、それぞれの競技において大きな怪我なく成功を収めている人たちがいることも事実です。

一体、何が違うのでしょうか。

一般的に（あるいは「常識」となっている）それぞれの競技における技術向上のためのトレーニングや、怪我予防のトレーニングはあります。

そして多くの人がそれらの競技を経験したことのあるコーチや監督、あるいはトレーナーからトレーニングを教わったり、メニューとして消化することを求められながら、能力の向上を目指していると思います。

しかし、その枠組みを守って、忠実にメニューをこなしていれば自分の理想の競技人生が送れるか、というとそうではありません。

むしろ、**圧倒的多数の、怪我をしてしまったり、頑張っても報われないという人たちのほうが、きちんと枠組みを守って練習を重ねている**のが事実だろうと思われます。

……これは、理不尽な状況なのではないでしょうか。せっかく頑張っているのに、努力しているのに報われない。

そこで私は、ここには何か秘密があるのではないか、と考えるにいたったのです。

そもそも、それぞれの競技で設定されているトレーニングの枠組みは、冷静に見てみると、**「構造的に分析されたもの」**（何のためにそれをやるのか、そのことで身体がどう変化するか、競技のパフォーマンスにどのような影響があるか、という問いから生まれたもの）ではなく、「慣例的なもの」が非常に多いと私は気づきました。

そこで、

「バットを何回振ったか」

「何時間練習するか」

「どれだけ強い負荷をかけたか」

の前に、実は見出すべき「勝負どころ」があるのではないだろうか、という視点でものを考えるようになったのです。

いろいろなトレーニングや競技においては（それ以外のフィールドでもですが）、「センスがある」というひとことで、成功例が語られます。

同じトレーニングをしても、「センスのある」選手は成功し、「センスのない」選手は落ちていく。

そんなトレーニングは「良いトレーニング」といえるのでしょうか。

また「センスの有無」という茫漠《ぼうばく》とした判断基準でトレーニングや競技を捉えてもよいのでしょうか。

詳しくは後述しますが、私はトレーニングは選手のセンスに依存する形で存在してはいけないと考えています。「このトレーニングさえやれば必ず成功する」というトレーニングも決して存在しません。

だからこそ、骨格や筋肉など人体の構造、それらが重力下でどのように働くのかといった基礎部分、そして「その選手」がどのような身体特性（および精神特性）を持っているのかという「パターン」を突き詰める必要があるのです。

加えてどのように身体を操れば高いパフォーマンスが成立するのか、そのためにはどのような動きと身体機能が必要なのかという複合的な観点からトレーニングを考えなければなりません。

「目の前の選手」のパフォーマンスをいかに高められるか、そのために徹底して**トレーニングの選択を突き詰める**ことこそが、「トレーニングの最適化」という考え方です。

トレーニングをする上で目標とすべきこと

多くの人が、トレーニングや試合での経験を経て、常に最上のパフォーマンスができる状態に持っていくことを理想だと考えているのではないでしょうか。

もちろん、パフォーマンスの上限をどんどん上げていくことや、自分が持つ能力を最大限発揮できるようにしていくこともトレーニングの大きな目的です。しかし、それと同時に目指すべきは**「実力の底上げ」**です。

実力の底上げというのは、**「一番底辺（自分が一番悪い状態）でのパフォーマンスの度合い」を改善していく**ということを指しています。

誰しもが経験してきていると思いますが、どれだけ準備をしていても、試合当日のコンディションには良し悪しがあります。もちろん常にベストコンディションであれば最高ですし、それを目指しているわけですが、コンディションの変化は体調だけでなくメンタル面や環境などの影響も受けるため、常にベストな状態に保つのはなかなか難しいといえます。

長期的に活躍できる一流選手は、そういったコンディションの良し悪し、特に悪い状態でいかに高いパフォーマンスを発揮できるかを重視します。

このような姿勢がパフォーマンスの波を少なくする能力につながります。

自分の身体をよく知り、こういうときはこうしたらいいという引き出しが準備されている状態を目指してトレーニングすれば、どんなときでもそれに対応できる、一定のポテンシャルを維持できるようになります。このような能力を**「調整能力」**あるいは**「修正能力」**といいます。

私が指導している選手たちには、コンディションの波を小さくしつつ、「どんな状態でも最低限達成できるパフォーマンスのボトムの部分」を底上げしていくということを常に意識して取り組んでもらっています。

その底が上がることが、つまりは「実力の底上げ」です。

一試合だけよかったとか、一年だけよくてもダメです。継続して維持できるパフォーマンスが底上げされるということは、どんな最悪な状態でも、発揮できるパフォーマンスの最低ラインを自他に保証することであり、このことは信頼や自信の獲得にもつながっていきます。

⬇ 根底となる考え方

指導をしていく中で、特に大事にしている重要な考えがあります。

それは**〝努力と成果のギャップをなくす〟**ということです。

選手は、今より少しでもパフォーマンスを高めるために日々大変な努力をしています。

しかしどれだけ努力を重ねても、パフォーマンス向上という成果を得られないケースは多々あります。どの年代、どの競技にもあると思います。もちろん練習を真剣にやらない、ウォーミングアップやクールダウンを丁寧にやらないなど、最低限の努力が不足している場合は、努力量そのものに問題があります。

しかし努力量が十分な場合、これはそもそも**努力の方向性にずれがある**可能性があるのです。

適切でない方法でどれだけ努力を重ねても、思うような成果は得られません。

努力とその方向性、両者が揃うことでパフォーマンスは着実に向上していきます。

つまり**「努力は選手の責任、努力の方向性は指導側の責任」**。

選手と指導者、双方が自分のすべきことに責任を果たすことが、適切な関係です。


「努力と成果のギャップをなくす」という考えは、私の原点です。

誰にも負けないと自負できるほどの努力量に対して、パフォーマンスにおける成果といえるものは本当に少なかったこと、その悔しさ、そういった私自身の経験が、この考え方へとつながっています。

そしてたどり着いたのが**「トレーニングの最適化」**という考え方です。

そのトレーニングは本当にあなたの競技の構造において適切な方法なのか、どのような状態で行うべきか、などなど、トレーニングというのは多くの角度・要素から検討して、組み上げられるべきものだと考えています。


自分たちが取り組むまたは指導するトレーニングは、なぜやるべきなのか、どのような状態でやるべきなのか、どのような成果が得られるものなのか、などについて理解が深まることで、その蓄積（「量」）が「質」へと転換したり、同じことを行うにしても、これからのトレーニングの密度が濃くなったりする。そんなイメージで理解していただけると嬉しいです。

必ず覚えておいてほしいこと

ここから第1章へと進むにあたり、必ず覚えておいていただきたいことが、**私たち人間は常に学習状態である**ということです。動き方や姿勢を覚えようとしていなくても、勝手に学習が進むようになっているのです。

つまり、「身体の使い方」を覚える時間と、ウエイトトレーニングなど強化の時間は分けることができません。どのような種類のトレーニングをやっている間も、動きの学習は自動的に行われます。

歯を食いしばり、どっしり踏ん張って力を出すパターンの動きを学習した選手は、競技中もそのような状態を作って力を出すことを覚えてしまいます。

どっしり安定が重要な相撲や柔道であれば問題ありませんが、飛び回るような動きの中で力を発揮することが要求されるサッカーなどでは、この学習そのものが不利に働くのです。いくら強化してもパフォーマンスが改善しない、「努力と成果のギャップが大きい」ケースの多くが、この構図に当てはまります。

指導側はもちろん、選手自身も、トレーニングの種目や量を考える以前に学習と強化は同時に行われるという前提をしっかりと持っておく必要があることを、常に忘れないようにしてください。

本書では、パフォーマンスを高めるために日々行っているトレーニングにおける「努力と成果の間に起こるギャップ」を最小化することを目的としています。そのために必要な、トレーニングに入る前に知っておくべきこと、フィールドに立つ前に知っておくべきことを解説します。

あなたにとって最良のトレーニングを行うために絶対に必要な「考え方」、そしてあらゆるトレーニングの基礎作りに役立つ身体操作トレーニングをご紹介します。

ハイ・パフォーマンス理論　目次

はじめに …… 003
トレーニングの最適化／トレーニングをする上で目標とすべきこと
根底となる考え方／必ず覚えておいてほしいこと

1 「パフォーマンス向上の構造」を考える 022

● **そもそもトレーニングとは何か** …… 022
● **「トレーニング=筋肉をつける」？** …… 024
激しい筋トレは安易に満足感を得られてしまう諸刃の剣
● **フィジカルブラックボックス** …… 028
不真面目な選手ほど活躍できる？／チーム練習では特にフィジカルブラックボックスが生じやすい

2 競技構造を考える 035

● **トレーニングの選択肢** …… 035
マイナスの学習／やるべきこと方程式／競技動作の運動構造
● **なぜ競技構造を理解する必要があるのか** …… 043

競技構造1 重心の高低 044
海外発祥のトレーニングはそのまま輸入しても×

競技構造2 対人・非対人分類 051
視野の重要性「二種類の目の使い方」／対人競技の中で、直接対人か間接対人か

パフォーマンスを構成する階層構造について 060

3 トレーニングの三階層 064

プロ選手が成果を出したトレーニングはあなたに成果をもたらすのか 064
フォワードランジで階層と運動構造を理解しよう！／デザイン階層のフォワードランジ

トレーニングを行う上でのフィジカル原則 078

見かけ上のレベルアップの罠 083

4 競技を思考する 088

対人競技でも内的集中状態を使う必要がある 088

動作パターンへの理解を深める 090

● 学習プロセスの初期 093
● 学習プロセスの中期〜後期 095
● 反復のない反復 096
● 対人競技での思考順序 097
● 思考順序1 自分のパフォーマンスを発揮できる条件を確認 098
● 具体的な競技で理解を深めよう――陸上のスプリント、サッカーのスプリント 101
スプリントの目的／ターゲット／スタート姿勢／方向転換・急減速／ステップ幅
● 思考順序2 「基本」と「基礎」の考え方を確認 108
● 思考順序3 トレーニングにおける対人状態を確認 112
● 対人状態を作るためのトレーニング設定 115
ストップ動作／動き出し／スプリント／コンタクト／バランストレーニング

5 対人競技特有の身体操作スキル 130

● 対人身体操作スキル1 封力 131
● 対人身体操作スキル2 キレのある動き 138
● 「キレ」を成立させるには？ 141
「キレ」の成立条件1：予測エラーを誘発する／「キレ」の成立条件2：急加速・急減速・急ターン

対人身体操作スキル3 スライドポイント……151
スライドポイントが成立する三つの条件／スライドポイントのNGパターン
スライドポイントは高重心系の身体操作
コンタクトの構造……161
コンタクトの基本構造／コンタクトは2×2パターンにわけられる

6 力を入れるべき部位・力を抜くべき部位について 171

ホットゾーン……174
上半身のホットゾーン／下半身のホットゾーン
抜くべき部位……180
ホットゾーンを鍛えるときの注意点……181
パターン化しているならば改善すべき「三大固定パターン」……184
1 腰を固めるパターン／2 肩を固めるパターン／3 前モモを固めるパターン
COLUMN リ・アダプテーションという考え方……193

実践編

身体操作トレーニング

196

●**身体操作トレーニングの手順**……196
トレーニングに「探索」を組み込む／トレーニング全体の流れ
●**柔性トレーニング**……199
お腹ほぐし／仙骨割
●**スタティックとバリスティックの使い分け・回数について**……208
大臀筋ストレッチ1・2／牛の顔／胸捻りストレッチ／コモドストレッチ
ハムストリングスの溝ほぐし／肩の内旋+肩甲骨外転ストレッチ／肋骨ほぐし
プランクシッティング
●**基本立位（軸反動トレーニング）**……237
軸反動トレーニング
●**アクティベーション**……240
後ろ脇のアクティベーション／みぞおちのアクティベーション／八の字
前モモ抜きチェック／モモ裏の内側上半分のアクティベーション
●**強化アクティベーション**……254
●**上半身系**……254
レッグショット／立甲スパイラル／後ろ脇プッシュアップ／リーニング

● **下半身系** …… 266
伸脚ハーフ・伸脚フル／フォワードランジ／二段飛ばしでの階段上り／カットフォール
● **高重心系の身体操作へとつながるトレーニング設定方法** …… 279
低重心と高重心の感覚の違いについて／高重心設定1：広く高いぼんやり視野のキープ
高重心設定2：タンデム立ち／高重心設定3：感情を出す
● **高重心状態のチェック指標** …… 285
チェック動作／高重心状態の主観的指標まとめ
● **トレーニングの効果を高める方法** …… 288
一日のトレーニングルーティン
おわりに …… 293

1 「パフォーマンス向上の構造」を考える

そもそもトレーニングとは何か

今、この本を開いているあなたは、何らかの理由でトレーニングに疑問または関心を持っているのではないでしょうか。

ここから本書でトレーニングについての考え方を深めていく前に、「そもそもトレーニングとは何なのか」という点について考えてみていただきたいのです。

トレーニングとは、何をもって「トレーニング」と呼べるのでしょうか？

ちなみに、辞書でトレーニングとひくと、定義は「運動や環境に対する、体の適応性を利用して、体の機能をできるだけ高度に発達させる行為」となっています。

人間の身体は、何らかの負荷をかけると、その負荷に適応（変化）するようになっています。適応には筋肉の増大などポジティブなものもあれば、姿勢の歪みなどネガティブなものもありますが、トレーニングはポジティブな適応を目指すものであり、そこには身体機能の向上は不可欠といえます。

また、この適応という現象の中には新たに動作や力の出し方などを学習するという側面も含まれます。

つまり、トレーニングによって競技のパフォーマンスを高めようとする目的においては、「競技の特性に合致する適応」が起こせなければ、本来はトレーニングとは呼べないのです。

この部分を厳密に考えておかなければ、筋肉が大きくなったけれど、競技パフォーマンスは向上しなかった、という状況を生み出してしまいます。

このような理由から、「トレーニングとは、競技パフォーマンス向上のための動きの〝**学習と強化を同時**〟に実施する行為」という方が適切だと思います。学習と強化は別ではないという観点が非常に重要です。

良い成果を生み出すトレーニングは、必ずこの学習と強化が同時に起こっています。トレーニング方法にそのような意図がなくても、選手側の〝センス〟によって起こることも多いです。この部分はパフォーマンスとトレーニングを理解していく上で非常に重要なポイントなので後ほど詳しく解説します。

以上の理由から、トレーニングでは単なる**数字的な重さや強さだけに偏るのではなく、あくまで動作の向上を追求する**ことに重点を置いています。

選手自身にも、負荷の高低だけに目を奪われるのではなく、力を出す時に余計なところに力みが入っていなかったか、気持ちよく動けたのか、などの感覚をしっかり追求してもらうことを重視してもらっています。

「トレーニング=筋肉をつける」？

スポーツ競技においてウエイトトレーニングは必要か、そうでないかという議論が長らく続いています。

実際、同じ競技であってもウエイトトレーニングの導入で成功した選手もいれば、それを避けて成功している選手もいます。

だからこそ、自分はウエイトトレーニングをやるべきなのか、やらない方がいいのか、悩んでいる選手もいると思います。

しかし、そこだけを切り取って考えてみても、あまり意味がないと考えています。

トレーニングとは学習行為であるという観点があれば、ウエイトトレーニングで「結果としてどうなるべきか」「どういう動きが自然とできるようになればいいのか」といった動きとの関連性について、つまり動作の学習プロセスとしてどう取り組めばいいのか、そのためにはどういうトレーニング動作の設定が必要かなど、考えるべき具体的なことがらはたくさん出てきます。**ウエイトトレーニングの良し悪しを決めるのは、学習が加速したり、動きの強化に繋がったりしているかどうか**かです。

パフォーマンスを高めるという目的がある以上、必ずしも筋肉隆々にするためだけにトレーニングをするわけではないはずです。

トップレベルの選手は、ただ筋肉を強化すればよい、とは決して考えてはいません。

自分が取り組む競技において、どういう動作が必要で、その動作において最大限出力するにはどうすればいいのかということがわかった上で、自分にベストな体型を作り、良いパターンの動作学習が進むようにトレーニングを継続し、プロという世界で身体を使いこなしているのです。

要するに、ウエイトトレーニングとは、強い負荷がかかる動作の中で身体をどのように操るかを学習する機能を内包するものであり、パフォーマンス向上を狙う前提においては、そのベクトル上で強化するのが有効なトレーニング戦略となるということです。

激しい筋トレは安易に満足感を得られてしまう諸刃の剣

筋肉を鍛えて身体を大きくしたくなる気持ちともリンクしてくると思いますが「とにかく一生懸命キツいことにガムシャラに取り組む」という経験をしたことがある人はかなり多いのではないでしょうか。

成果を出さないと、という焦りがあるのかもしれません。努力すれば報われるという思いがあるのかもしれません。もしくは、追い込むことで自信を得ようとしているのかもしれません。筋肉や心肺機能に負荷がかかるような、めちゃくちゃキツいトレーニングで限界まで自分を追い込み、それを乗り越えることで不安を打ち消したり自信を得ようとしたり。

実際、トレーニングにはそういう**「隠れた心理効果」**があります。常に不安やプレッシャーと戦わなければならない選手たちの心理と合致し、そういうトレーニングのスタイルを（無意識に）好む選手も多いです。

しかし、トレーニングを行うときにこういった心理があるのなら少し注意が必要です。

パフォーマンスという成果が検証できていない、もしくは伴っていないのに、〝心理効果〟を得ている状態に陥ってしまうと、追い込むことそのものが目的化してしまい、トレーニングの成果を突き詰める姿勢が不十分になってしまう傾向が生じます。

そういったスタイルがトレーニングに混入してしまうと、動作学習という側面での精度は激減してしまいます。

その結果、「頑張っているのに、なぜか上手くいかない」という〝よくいる選手〟を生み出します。そして、努力が足りないんだとなり、また自分を追い込むわけです。そういった精神状態でのトレーニングは強い力みを生みやすく、不必要な怪我につながっているケースもあります。

まさに、努力と成果に大きなギャップがある状態です。

フィジカルブラックボックス

「このトレーニングはすごい効果がある」など、トレーニングそのものの良し悪しが語られるケースは非常に多いですが、同じトレーニングを行っても成果を得られる選手とそうでない選手がいます。先ほど出てきたウエイトトレーニングの必要性の議論も同じ構図です。

そういった場面での結論は、常に「人それぞれ」または「センス次第」です。これはトレーニングで成果が得られるのかどうかを「選手のセンス」に依存する状態であり、選手の動作パターンやトレーニングによる競技動作への影響を考慮することを放棄した態度です。私はこのことを**「フィジカルブラックボックス」**と表現しています。

つまり、なぜそのトレーニングで成果が得られたのか、もしくは成果が得られなかったのかが十分に検証できない状況を放置することを意味しています。

トレーニングを選択する上で、トレーニングから受ける影響が競技動作に対して、選手にとってどうプラスになるのか、どうマイナスになるのかというところをしっかり考慮しないといけません。

しかし、繰り返し述べていますが、それらが考慮されずに〝選手の責任〟になってしまっているケースが多々あるのが現状です。

私はこの「フィジカルブラックボックス」をどれだけ無くせるかが非常に重要だと考えています。努力と成果のギャップをなくすことに直結するからです。そのためにも、トレーニングを積み重ねて身体や動きが変わってしまう前の段階がやはり非常に重要です。この点に関しては後ほど詳しく解説します。

不真面目な選手ほど活躍できる？

センスがある人というのは、そのプラス・マイナスを感覚的に理解しながら筋力トレーニングに取り組み、身体を大きくしていきます。

もしくは、適切な動きが先にきちんと身についているために、そこに関連させてバルクアップさせていくので伸びるわけです。

「競技に必要な動き」と「成長させる筋肉」を関連させるという感覚や意識を持ち合わせているということです。

あくまでこれは仮説ですが、この感覚というのは、満足感を伴う筋疲労や、この筋肉にこのトレーニングは効いている、などという大雑把なものではなく、「自分の競技動作にプラスに作用するのか、マイナスに作用するのか」ということに関するセンサーの感度が高いのではないかと考えています。

そのためトップ選手は、そのセンサーの声に従い、トレーニング動作での力の出し方や意識状態を競技動作に合わせていくことができるし、競技動作に合わせられないものは拒否するわけです。その結果、メンバーが一律の練習をしている中、自分だけさぼる（ように見える）、という行動をとることにもなるのです。

学生の部活動などで、わがまま・不真面目と評されるような選手がなぜかうまかったり、怪我しなかったりというケースを経験したことがある人は実は多いと思います。

――走り込みを全然やらないけど、いつもとても速い球を投げる選手。

――素振りを全然やらないけど、すごいホームランを打つ選手。

こういうケースはよくある話です。

彼らが試合で活躍する姿を見て、なんて理不尽なんだ、と感じた経験があるのは私だけではないはずです。

そうした〝不真面目な〟選手は、感覚的に「この練習は自分が取り組む競技に合う練習じゃない」と感じる感覚センサーを持っているんだと思います。そのセンサーに引っかかったトレーニングや練習は避ける。その理由を彼ら自身も言葉で説明できないことが多いため、ただ

「不真面目・サボり」といった評価を受けてしまいやすい、ともいえるのです。

しかし、「彼らはなぜ競技でパフォーマンスを発揮できるのか」ということを言語化して説明する、ということはあまり行われてきませんでした。やはり「あいつはセンスあるからな」で片付けられていたと思います。

そして逆に、真面目に努力しているのに、やればやるほど怪我をしたり、全然上達しない人には「センスがない」という無情な言葉が投げつけられていたはずです。

「センスがある」「センスがない」このようなとても曖昧な言葉で状況を説明できたような気になるのはもう止めましょう。

適切な努力に適切な成果がやってくる、きちんとした循環がトレーニングで作れるようになればと願っています。

チーム練習では特にフィジカルブラックボックスが生じやすい

フィジカルブラックボックスが生じやすいケースについて、もう少し掘り下げます。

たとえばあるチームでコーチが新しいトレーニングのメソッドを覚えてきて、全員に同じように導入するとします。

皆が同じように取り組んだにも関わらず、そのトレーニングで成果が出る選手、成果が出ない選手、むしろパフォーマンスが低下したり故障してしまう選手、という風に、まちまちな成果が出てしまうケースはよくあります。成果に差が出ることは、ある意味で仕方ないのですが、問題となるのは、そのような差が生まれる原因検証の部分です。

今までのように振り返ると、成果を出した選手は「そのトレーニングを競技動作に変換できるセンスがあった」または「そのトレーニングはやっぱり素晴らしい」という解釈がなされます。それに対して、怪我をした選手は「センスがなかった」、あるいは酷いものとしては「まだ努力が足りなかった」という解釈になります。

これらは「なぜそのトレーニングで成果が得られたのか、もしくは成果が得られなかったのかが十分に検証できない状況を放置すること」という、フィジカルブラックボックスを生み出す、典型的な思考態度です。

ではチームという集団でのトレーニングで、フィジカルブラックボックスの発生を最小限に抑え、成果を高めていくには、どのように考える必要があるのでしょうか。

答えとしては、**「チームでやるべきことと、個人でやるべきことを明確にする」**ということです。

チーム全員が共通してやるべきことは、重力下で行われる運動において要求される、誰しもが身につけておくべき要素を満たすためのトレーニングです。

人体において「絶対にここは使えるようになっておくべき・鍛えるべき部位」「ここは（力や緊張を）抜かないといけない」という部位はある程度決まっているので、そこをトレーニングしましょう。（詳細は一七一頁以降にて解説）

そこから先の、各個人の力の**「出力戦略」**となると、ある程度個人の型やパターンに沿わせる必要があります。

出力戦略というのは、**「どこを意識した方が上手くいくか」**に近いと思います。

人間というのは、誰一人としてまったく同じ人は存在しません。一人ひとり、幼少期から培ってきた、ベースになる身体の動かし方のパターンが存在しています。

そのため、ある程度はそのパターンに沿いつつ、トレーニングを組み立てないといけません。

こういった個人戦略部分への取り組みは、圧倒的に不足しています。

時間的・人数的に難しいのは百も承知ですが、全体でやるトレーニングの時間を削ってでも可能な限りやるべきです。

怪我の問題やパフォーマンスが伸びない問題を抱える多くのチームに不足しているのがこの**「個別性」**です。チーム競技であっても、できる限り個別性を重視してやるべきです。少なくとも私は、三〇人で形成されるチームであっても三〇対一ではなく、（一対一）×三〇を目指して指導を行うことを心がけるようにしています。

第2章では、その競技において、どのようなトレーニングを選択すべきなのか、どのような状態でトレーニングすべきなのかという、トレーニングをやる上で最も重要な部分の「根拠の考え方」について解説していきます。

2 競技構造を考える

トレーニングの選択肢

マイナスの学習

ここからは「なぜそのトレーニングをやるのか」という選択の根拠に関する考え方について

解説します。

その前に、まず「マイナスの学習」という観点について理解していただきたいと思います。

マイナスの学習というのは、トレーニングをやればやるほどマイナス方向に向かってしまうこと、つまりパフォーマンスが低下したり怪我に繋がったりする現象です。

これはトレーニングによって起こった動きの学習が、パフォーマンスと乖離してしまっており、それが競技動作に悪影響を与えてしまうことを意味しています。

「(競技練習も含めて) トレーニングはやればやるほどパフォーマンスは上がるはずだ」と考える人も多いと思います。

しかし、実際にマイナスの学習を起こしてしまうケースはプロスポーツでも頻発しています。トレーニングという枠組みの中では成果は上がった (たとえば挙げられる重量が増えたなど)、しかし肝心の競技パフォーマンスは下がってしまった、または怪我をしてしまったというのが典型的な形です。いわゆる肉体改造の失敗と表現されることもあります。

マイナスの学習の原因はたくさんありますが、これまで述べてきたように、トレーニングにおける学習作用が大きく影響しています。

数あるトレーニングの中から何をどういう理由で選択し、どういう成果を得ようとするのか。それをしっかりと見極めるためにも、トレーニングのポジティブな作用だけでなくネガティブな作用があることを知っておいてください。

やるべきこと方程式

ここまでご紹介した話で、トレーニングをする際、何に気をつけたらよいのか、気をつけて取り組むことでどんなメリットがあるのか、ということが大枠でご理解いただけたかと思われます。

トレーニングの選択（何をどのように行うか）というのは、指導者にも選手自身にも重要なこと、そこが成長の分岐点になります。

あなた自身の経験を振り返ってみていかがでしょうか。もしかすると「マイナスの学習」を強化し続けるような状態でトレーニングを重ねてきていた、という方もいらっしゃるのではないでしょうか。

トレーニング方法の選択理由が、指導者自身がやってきたというものだったり、単にメディアで取り上げられて流行しているものだったり、有名な選手が行って成功したから取り入れられたものだったりというケースは多々あります。

あるいは、所属チームで代々慣例的に行われてきたトレーニングを課せられることもあるでしょう。こういった場合、マイナスの学習が起こりやすいといえます。なぜなら、分析的な観点や、選手の動作特性という観点が少ない傾向にあるからです。

図 1 やるべきこと方程式

競技構造

競技動作の運動構造	－	選手固有の運動パターン	＝	やるべきこと（トレーニングの選択）

- ■長期間活躍する一流選手達に共通する動き方
- ■力学的合理性
- ■運動の組み合わせ
- ■人体構造

- ■柔軟性
- ■筋力
- ■運動の組み合わせ
- ■抗重力（バランス）戦略

やるべきこと（トレーニングの選択）→ トレーニング動作の運動構造

多くの選手が、導入されているトレーニングがなぜ自分に必要なのか、なぜそれが選択されているのか、ということについて曖昧なまま取り組み、そうした状況についてもあまり疑問に思わない、という状態にあることは、放置すべきでない問題です。

競技特性に合致したトレーニング、自分の特性に合致したトレーニングを的確に選択していくためのイメージとして知ってほしいのが**「やるべきこと方程式」【図1】**です。

これは、どのようなトレーニングをやるべきなのかを抽出するための方程式で、ごくごく単純化しているものではありますが、この方程式を理解することで、トレーニングの選択の精度を向上させることが可能になります。

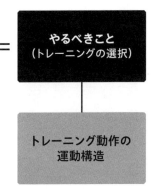

図 2 競技動作の運動構造

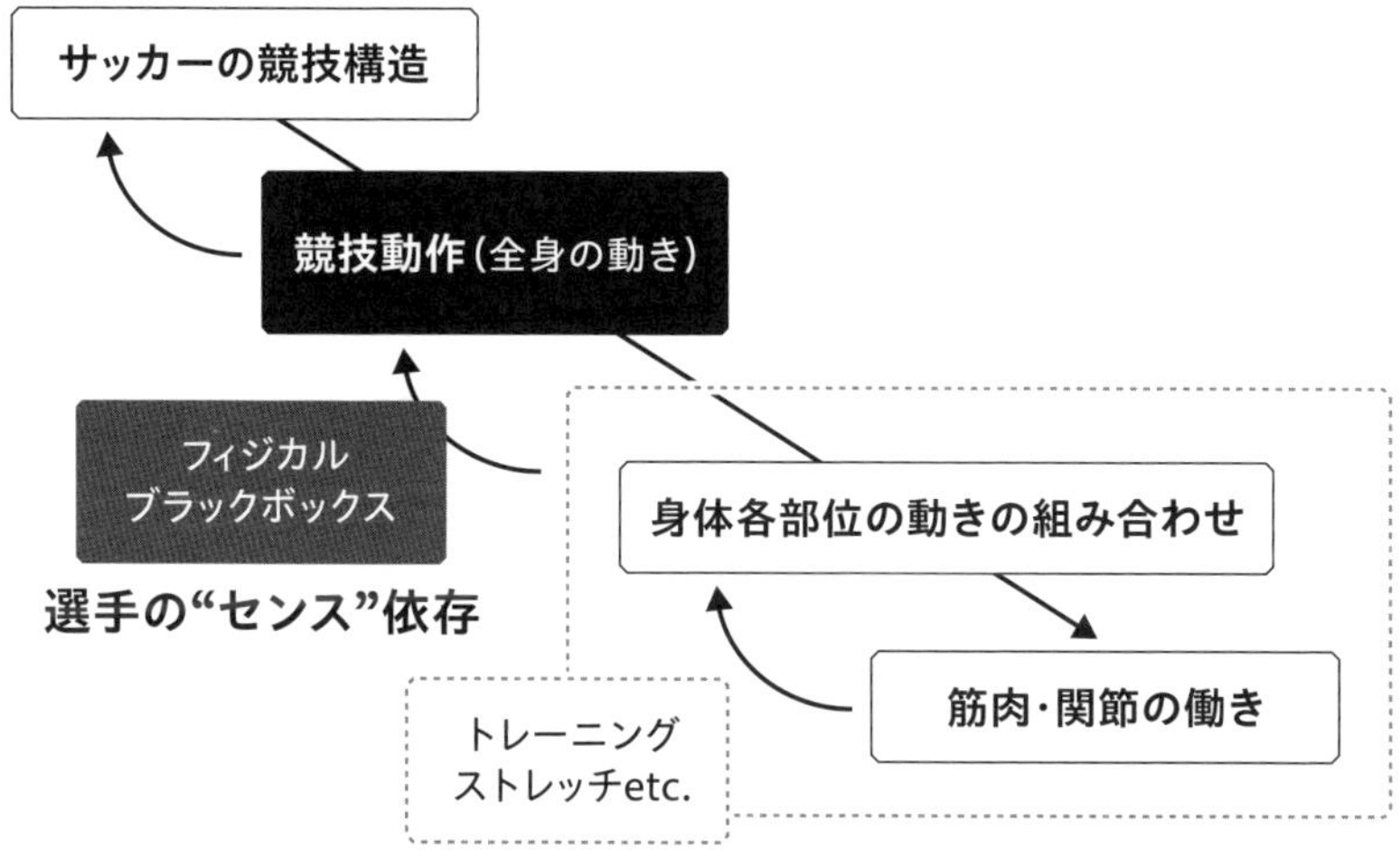

競技動作の運動構造

やるべきこと方程式の中では、「構造」または「運動構造」という表現を用いています。慣れない表現だと思いますので、構造とは特性、運動構造とは動きや力の組み合わせというように捉えていただけるとよいと思います。

まず、この方程式で目を向けていただきたいのが、**競技動作の運動構造**【図2】です。

競技動作とは、野球であればピッチング動作やバッティング動作、サッカーだとシュート動作などが該当します。

選手がパフォーマンスを上げようとする時、必ずこの競技動作がそのターゲットとして関わります。筋力を向上させたとしても、競技動作そのものの質が向上しなければパフォーマンスは向上しないからです。

そこで考えていただきたいのが、「あなたのパフォーマンスを向上するために、足りない動きは何でしょうか?」という問いです（まずはとにかく筋力を上げるという考え方がリスキーなのはもうご理解いただけていると思います）。

たとえばトレーニングによって、バッティングのスイング速度向上を目指す場合、何をどういう理由で選びますか?

その時に必要となる観点が、競技動作の運動構造です。

競技動作の運動構造の考え方は、その競技動作がどのような身体各部位の動きの組み合わせによって成立しているのかを、見抜くというものです。

とはいっても、競技動作は選手によって非常に多様です。そのため、「怪我をせずに活躍を続けるトップ選手たち」に共通する動きという指標を用います。

その競技で高い成果を出している、しかも長期間怪我をしていない、この二点からいえることは、非常に合理的な動作パターンを実現しているということです。

これら二点を満たすトップ選手たちがいかに個性的な動きをしていたとしても、そこに共通する動きはその競技動作の理想型といえるはずです。

そういう動作において、関節や筋肉がどのように働き、どのような方向に力を生み出してい

写真 バットスイング

真横に
回転する

トップから
振り下ろす

左右の肩甲骨が連動する

1・2・3が組み合わさると完成形のバットスイングとなる

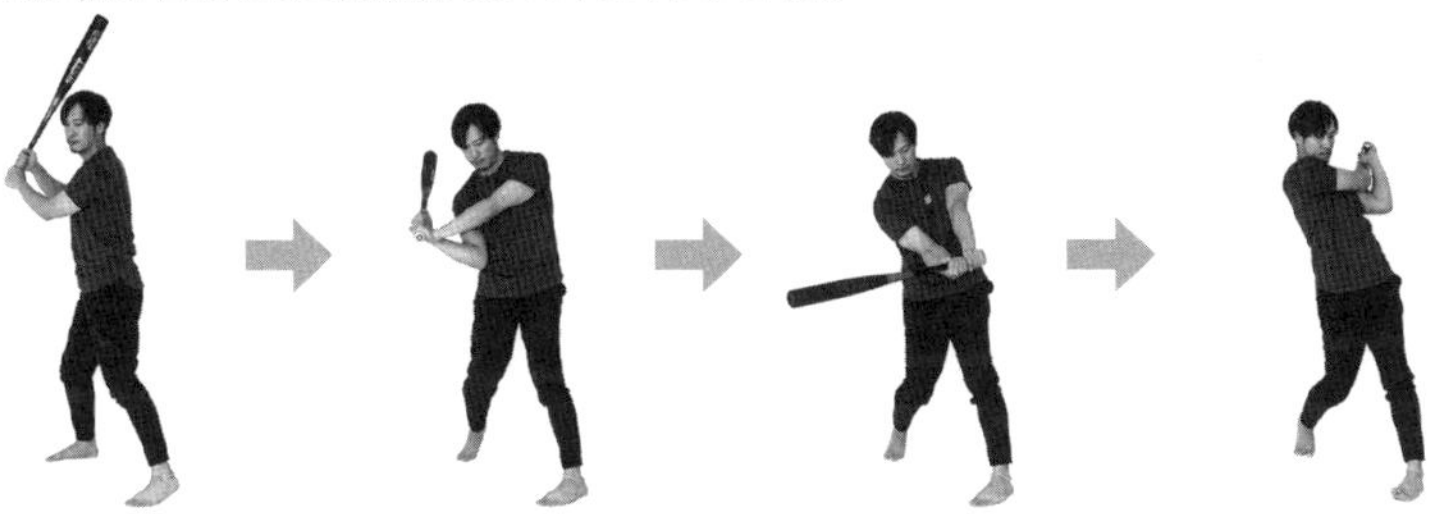

るのか、どのように組み合わさっているのか、という運動構造を見出すのです。

再び野球のバッティングでのスイングスピード向上を例にとります。

バットスイングは、三つの力で構成されます。

一つ目の動きが真横に回転する、いわゆる腰・体幹が回るという捻る動きです。背骨や股関節が重要になるフェーズはここです。

二つ目の動きが、スイングに入る直前、いわゆる「トップ」から振り下ろすという上から下方向に叩く力が加わります。

三つ目の動きが、左右の肩甲骨が連動してハンドルを回転させるような動きです。

この三つが適切なタイミングで噛み合わさることで、バッティングの動きが完成します。それぞれの力の大きさや発揮するタイミングの違いはあるものの、トップ選手たちはこれら三つの力を欠かすことなく使っています。つまり共通項です。

このように競技動作の内部に含まれる動きの共通項を見出し、その動きは力学的に合理性があるのか、人体構造として適切なのか、という複合的な要素から考察したものが「競技動作の運動構造」です。

なぜ競技構造を理解する必要があるのか

競技動作にはどういう動き（力の組み合わせ）が含まれるのか、そしてその動きを実現するには、人体の構造的に、どのような機能が必要なのか。

それらを前提としてトレーニングを選択するべきだという話をしてきました。

そこを理解していただいた上で、さらに大事な要素があります。

それが**競技構造**です。「やるべきこと方程式」の外郭を成す重要項目です。

次の①②は、運動構造は似ているが競技構造が異なる例です。外見としての動作が似ているため、同じトレーニングが採用されやすいのですが、両者でパフォーマンスでの成果が大きく異なってしまうということが起こりやすいのです。

①陸上短距離走のスプリント
②サッカーのスプリント

この二つの競技では、〝走る〟という動作は同じですが、「競技構造」が異なるのです。

競技動作とは、この時点では競技特性のようなものだと思っていただいて大丈夫です。たとえば陸上スプリントでは広い視野は必要ありませんが、サッカーでは走りながらであっても広い視野は不可欠です。その違いが、顔や上半身の角度として現れたり、〝フォーム〟に意識を向ける余裕の有無に影響を与えます。両者が同じスプリントトレーニングをやることでそれぞれの競技で同じ成果を得られるかどうかは、ちょっと注意が必要そうですよね。両者の違いに関しては、第４章でさらに詳しく解説します。

以上のことを念頭に置いていただきつつ、ここから競技構造の解説に進んでいきます。

競技構造1 重心の高低

あらゆる競技には構造があり、「やるべきこと方程式」の一番外側の枠にある、大前提となるものというイメージで捉えてください。

競技「特性」ではなく「構造」と表現する理由は、球技である、などの表面に現れる特徴的なものだけでは説明できない、表層からは見えない要素が影響を与えていることを表すためです。

図3 低重心族と高重心族

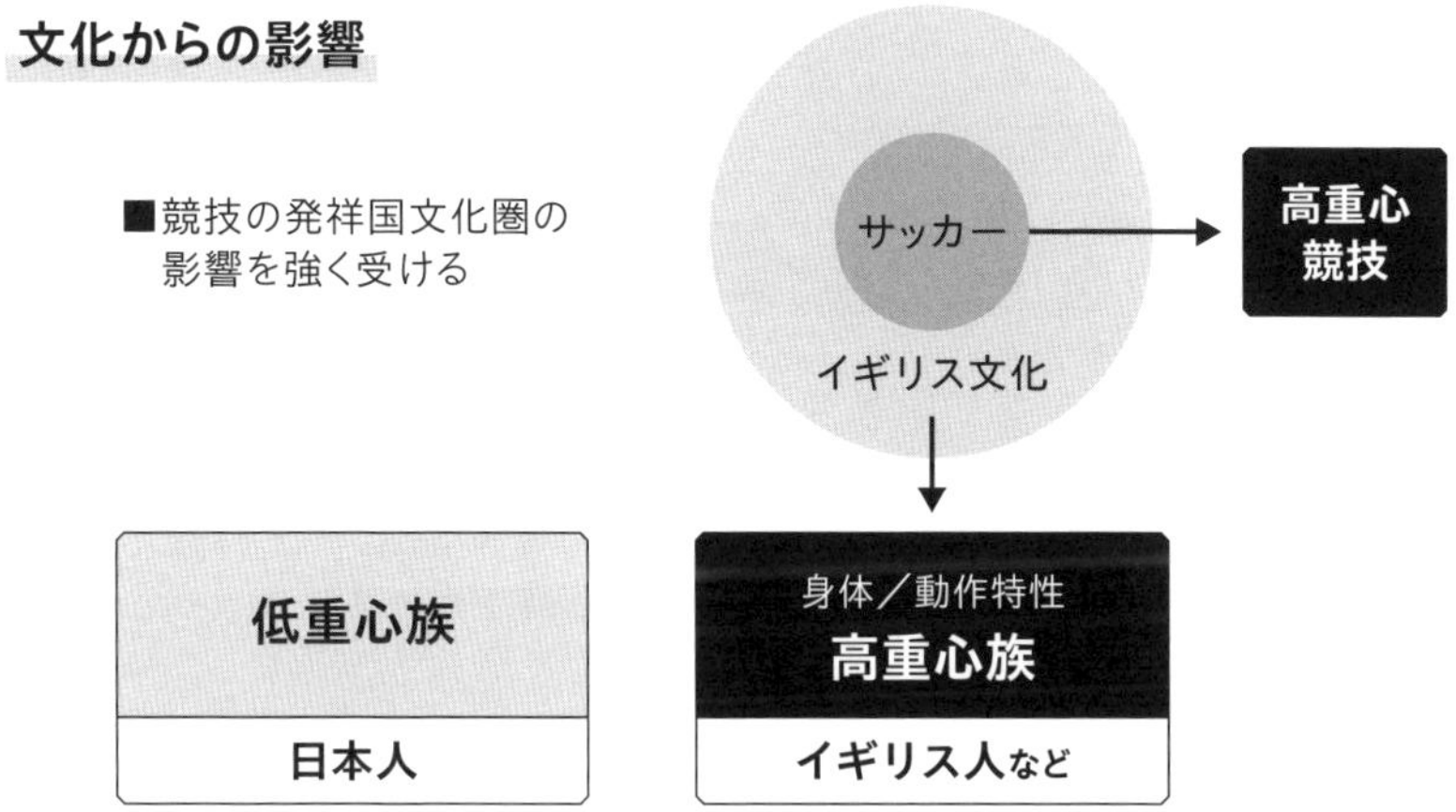

理解すべき競技構造は二つあります。まず一つ目は、文化からの影響です。ある競技が生まれ、競技として成り立つまでのプロセスに目を向けると、その地域の文化圏が先にあり、その文化圏（とそこに生活する人々の存在）を前提として競技が発祥しています。つまり、競技構造は少なからず、その文化圏の影響を受けているのです。

実践的な要素として非常に重要なのは、その競技が発祥した文化圏が**「低重心系」**なのか**「高重心系」**なのかということです。**【図3】**

●低重心系

行動や性格面などでどっしり感や安定感があることが好まれるような文化圏。日本が典型的に当てはまる。「重い」（＝安定感がある）感じ

図 4　低重心族と高重心族

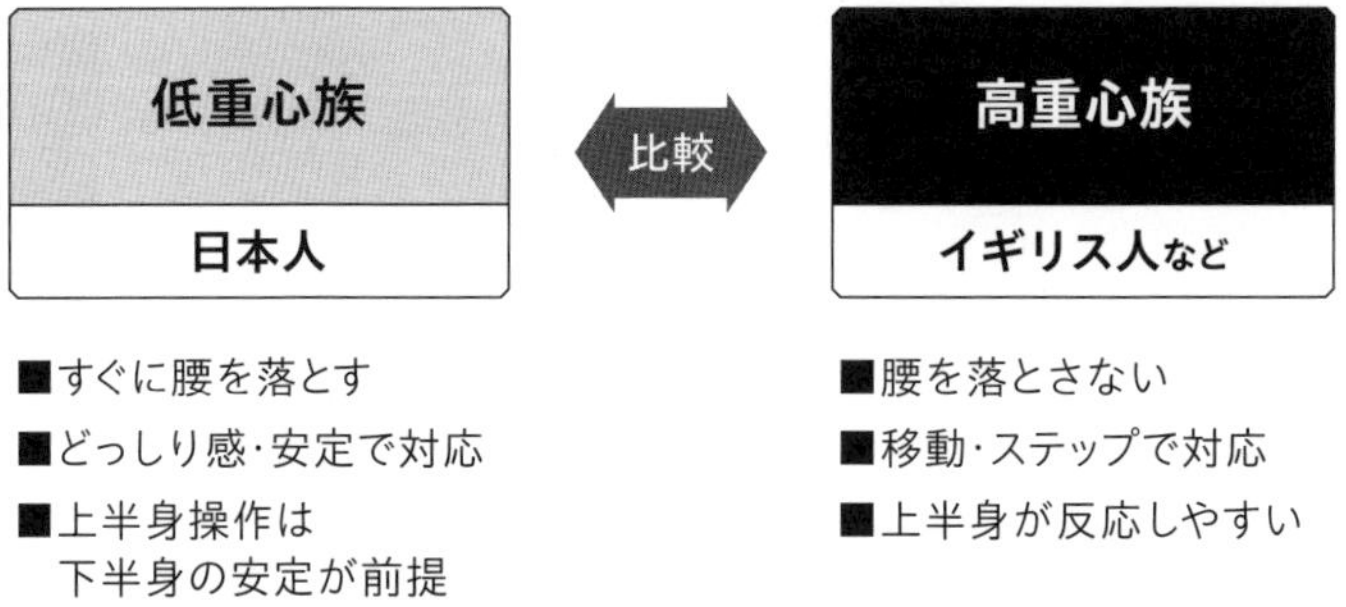
低重心族
日本人
比較
高重心族
イギリス人など
■すぐに腰を落とす
■どっしり感・安定で対応
■上半身操作は
下半身の安定が前提
■腰を落とさない
■移動・ステップで対応
■上半身が反応しやすい

があることが良しとされ、〝重〟要と位置付けられる。動作面では足幅を広くとり腰を落とすなど重心を落として安定するパターンが好まれる。上半身の動きは下半身の安定が前提になっている。精神面では感情を表に出さないことが好まれる。この文化圏のパターンを持つ人々を**「低重心族」**と呼ぶ。

●高重心系

軽やかさがあることが好まれる文化圏。欧米など多くの国が該当する。動作面では、すぐに移動できることや長時間移動できること、方向転換などを繰り返すことができる状態が好まれる。精神面では喜怒哀楽や意見をしっかり表現することが良しとされる。高重心系における安定は、重心移動に対して移動（ステップ）することによって確保される。ステップを軽やかに

図 5 低重心競技と高重心競技

- ■低重心を**前提**とした技術体系
- ■動かない・動かされないことが重要
- ■倒されないことが重要
- ■広い視野は不要なことが多い
- ■**すぐに腰を落とす**方が有利
- ■**どっしり感・安定で対応**した方が有利
- ■**上半身操作は下半身の安定**した方が有利

- ■高重心を**前提**とした技術体系
- ■移動・方向転換・加速減速が多い
- ■広い視野が必要なことが多い
- ■**腰を落とさない**方が有利
- ■**移動・ステップで対応**した方が有利
- ■**上半身が反応しやすい**方が有利

踏むためには、上半身が動いた方が都合がいいので、上半身が反応しやすい。この文化圏のパターンを持つ人々を**「高重心族」**と呼ぶ。**【図4】**

このようなイメージです。

これを具体的に代表的な競技に当てはめて見ていきましょう。**【図5】**

●相撲

相撲は日本で発祥。土俵の外に出されないことなど、動かされないことが重要であるため、低重心であることが有利に働く低重心競技。競技動作においても低重心で踏ん張り、どっしり安定することが要求される。

●サッカー

サッカーが生まれたのは、（諸説ありますが）

イギリスであり高重心文化圏。非常に広いピッチの中で方向転換や加速減速を繰り返しながら走り続けることが要求される。こういった動作パターンは高重心が有利に働くため、サッカーは高重心競技。

サッカーは、娯楽から発展したスポーツです。

娯楽は、特別な訓練や何かを強く意識しないといけないようなものでは成立しません。特に練習もせずに、適当にやってもある程度上手に楽しくできるというのが、娯楽の条件だと仮定すると、サッカーは高重心族が生んだ、「高重心状態でこそ上手くいく高重心競技」であるといえるわけです。

日本人＝低重心族がサッカーをやる場合、この部分が問題となります。力を出す時や、失敗できない場面など、心身の不安定を感じた時にすぐに腰を落として安定しようとする反応を持つ我々は、高重心競技でも同じように対応してしまいます。サッカーではこのことが不利に働いてしまいます。低重心状態を作ってしまうと、どっしり踏ん張りやすく、急激な加速や減速において脚（特に膝）や腰に非常に大きな負荷がかかります。大きな負荷がかかるということは、遅いということです。高重心族であれば〝普通〟の動作でも、低重心族にはそのたびに負荷とロスがある動きになっているのです。

この構図は高重心族が低重心競技である相撲をやる際にも当てはまります。動かされないこ

図 6　トレーニングの不変前提

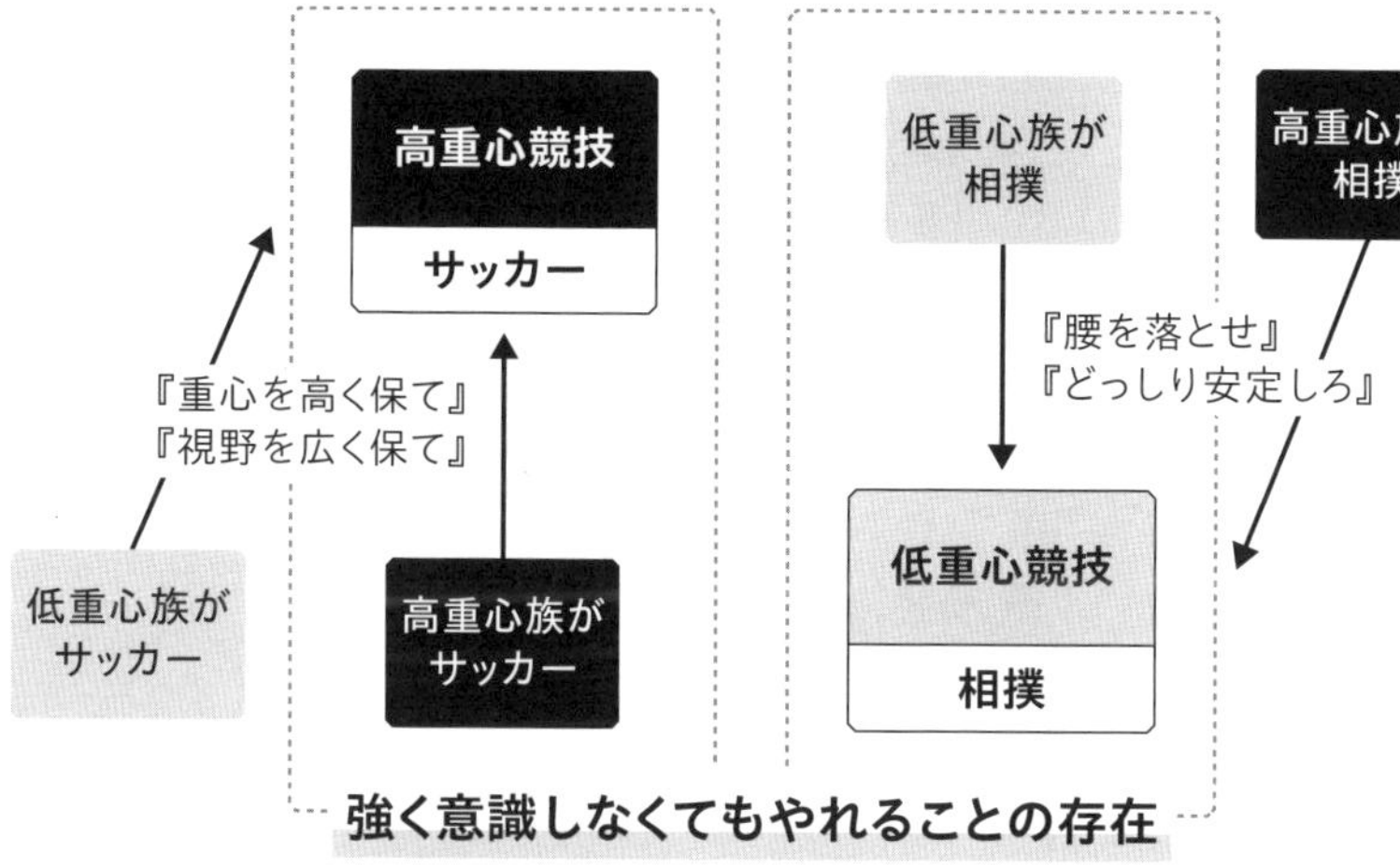

とが重要な相撲において、高重心は不利に働きます。体格も体重も筋力も大きな外国人力士が負けた時、多くの場合「腰が高い」つまり重心が高いと評されることからもわかるはずです。そのため、外国人力士は低重心を徹底的に学ばされます。動きだけにとどまらず、相撲部屋での生活で心身ともに低重心を獲得することが要求されるのです。

それに対して、低重心族である我々がサッカーをやる時、高重心をどれだけ学んだでしょうか。むしろ、「腰を落とせ」という指導もあるぐらい、低重心なままサッカーをやってきたのではないでしょうか。

このような、競技が発祥した時からすでにある競技構造のことを、変えることができない前提、**「不変前提」**【図6】と呼びます。

パフォーマンスを上げたい競技の不変前提、

図7 欧米発のトレーニングの問題点

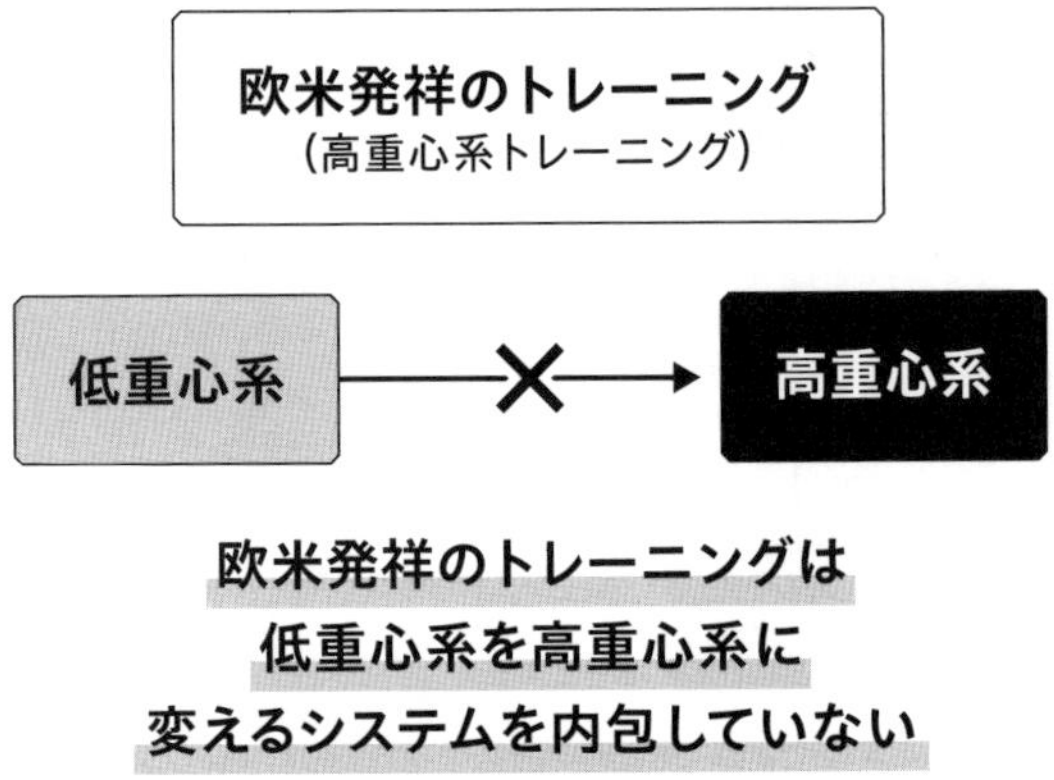
欧米発祥のトレーニング
(高重心系トレーニング)
低重心系
高重心系
欧米発祥のトレーニングは
低重心系を高重心系に
変えるシステムを内包していない

低重心競技なのか高重心競技なのかを把握した上でトレーニングを選択することは、フィジカルブラックボックスを避けるためにも重要であり上達効率を向上するためにも不可欠です。

海外発祥のトレーニングはそのまま輸入しても×

もう一歩踏み込んだことをいうと、**欧米発祥のトレーニングには、低重心族が高重心系の動作パターンを実行できるようになるシステムは含まれていません。**【図7】

たとえばレアル・マドリードのトレーニングメソッドを国内に導入したとしても、そもそも高重心族が取り組むことが暗に前提となっているため、低重心族が何も考えずに取り組んだとしても同じような成果が得られるとは考えにくいのです。

図 8 競技構造の分類

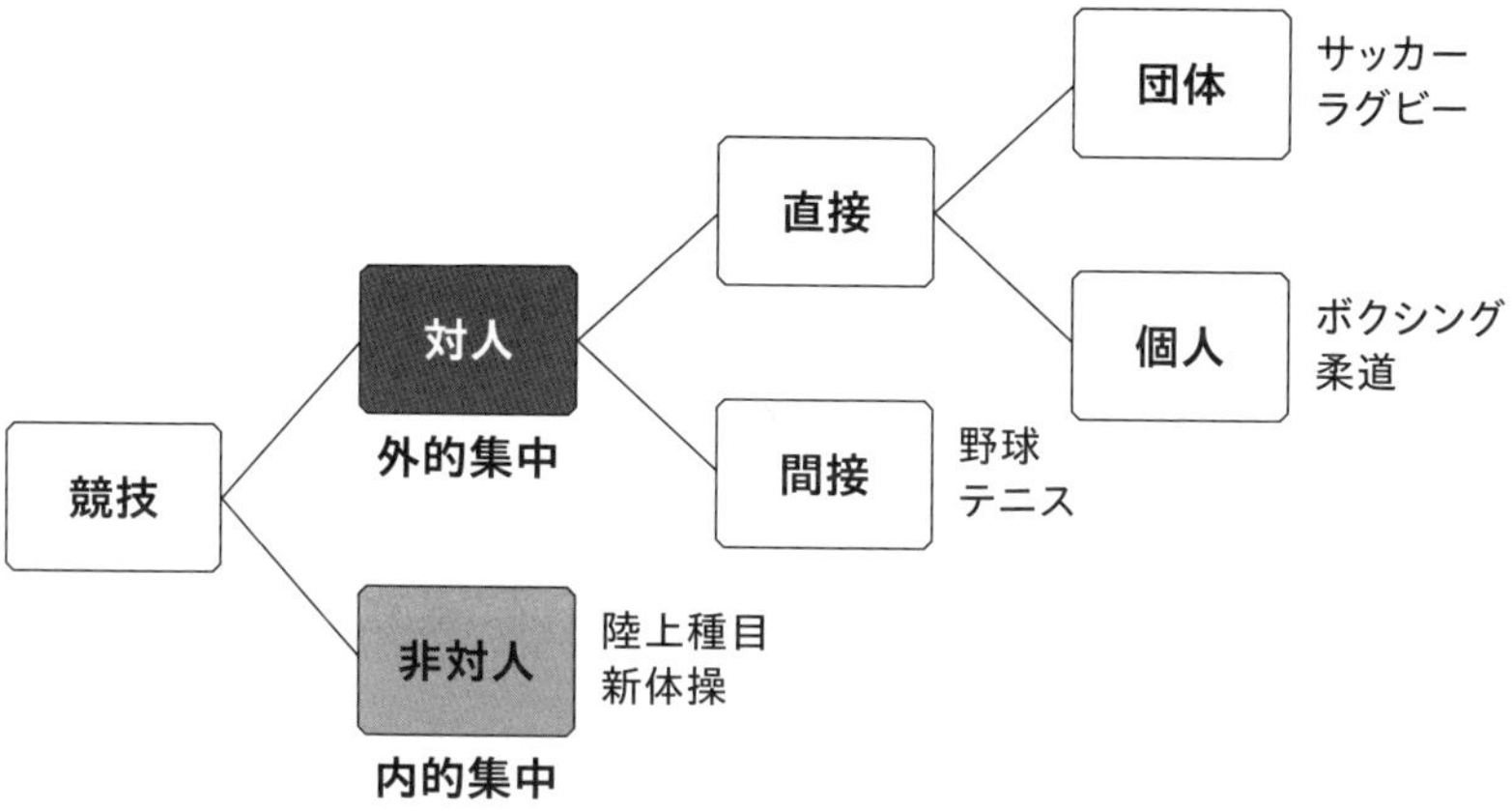

　しかし、このことを理解していないと、海外のトレーニングメソッドで同じ成果が得られないばかりか、マイナスの学習につながる可能性もあり得ます。

　私たち低重心族が高重心競技に携わるのであれば、外国人力士が低重心系の動作パターンを学習していくかのように、高重心状態でプレイができる動作パターンの獲得を目指していく必要があるわけです。

競技構造2
対人・非対人分類

　競技構造について理解すべきことの二つ目は、競技の分類についてです。**【図8】**

　競技の分類はすでにさまざまなものがありま

すが、競技構造という観点での分類によって、どういう能力が必要なのか、どういう意識をもって競技やトレーニングに取り組むべきなのかということが変わってくるのです。

競技の分類において、最も重要で一番最初にやるべきなのが、**対人競技なのか、非対人競技なのかの分類**です。

対人競技では、勝敗を争う者同士は相手に対して直接または道具（ボールなど）を介して何らかの妨害を加えることが許されています。競技としてはサッカーやバスケット、野球や格闘技などが挙げられます。相手に勝つためには、相手のパフォーマンス発揮を妨害したり相手からの妨害を無効化する必要があります。

それに対して**非対人競技**とは、記録・採点競技とも呼ばれ、陸上競技やフィギュアスケート、体操などが該当します。相手に対する妨害は許されておらず、相手に勝つには相手よりも良い記録や採点を出すしかありません。相手がすごいタイムを出したら、そのタイムを上回らなければ決して勝つことはできないということです。

この分類がなぜ重要かというと、対人競技か非対人競技かによって、外部の情報の取り方のスタイルがまったく異なり、意識の向け方が大きく変わってくるからです。

対人競技では、相手選手やボールの位置、スペースなど、流動的に情報を取り続け、それに

図 9 対人競技と非対人競技の構造

非対人競技	内的集中

陸上競技／スケート／新体操
ボウリング／ゴルフ／アーチェリー
水泳／空手の型／ダーツ／スキー

相手のパフォーマンス発揮を抑制できない

■とにかく自分のパフォーマンスを最大限に発揮すること
■競争相手から邪魔されることは“絶対に”ない

ターゲットが変化しない

■ゴールラインの位置·コースなどが絶対に変化しない
■それらが絶対に変化しないことが保証されている
■絶対に邪魔されないことが保証されている
■広い視野である重要度は相対的に低い

対人競技	外的集中

サッカー／ラグビー／格闘技／水球
野球／テニス／卓球／バレーボール
*それぞれ非対人寄りの要素も存在する

相手のパフォーマンス発揮を邪魔できる

自分のパフォーマンス発揮を邪魔される

■自分のパフォーマンスを最大限に発揮するには
相手に影響を与える／相手の影響の排除が不可欠

ターゲットが変化する

■プレイヤーと自分の位置関係によって流動的に変化する
■常に変化に対応できる状態を保つ必要がある
■できるだけ早期かつ精密に変化を認知する必要がある
■変化を予測·想定する必要がある
■広い視野(外部情報収集)が必要

合わせて自分の動きも変えなければいけません。そのため、対人競技では外部情報の獲得とそれをもとにした判断・対応が非常に重要だといえます。このように意識を外に向けた状態のことを**「外的集中」**という表現をします。

非対人競技では、相手から妨害を受けることや、状況に応じた判断・対応はほとんど必要がないため、外部の情報の重要度は高くありません。そのため、**「内的集中」**という、自分の内部感覚に意識を向けた状態でも競技動作が成立します。

「こういう腕の振り方をしよう」、「モモ裏を使おう」、「身体の角度はこれぐらい」という風に、身体の感覚に意識を向ける〝余裕〟があるからです。**【図9】**

トレーニングとは学習行為であるという観点、それゆえのパフォーマンスへの影響という観点から考えると、このことは非常に重要な意味を持ちます。なぜなら**多くのトレーニングは「内的集中状態」になりやすい**傾向を持つからです。

たとえばウエイトトレーニングであればターゲットとなる筋肉を意識することが推奨されていますし、最大出力でバーベルを持ち上げている時には外部情報が十分に取得できる状態とは程遠いからです。私たちは意図する、しないに関わらず、常に動作を学習しています。動きだけではなく、その時の「状態」も同時に学習しています。だからこそ知らないうちに癖が身につきます。つまり**トレーニングをしている時は動作パターンだけでなくその時の状態も学習し**

ているのです。

そういう前提に立つと、対人競技の選手があまりにも内的集中に偏った状態でトレーニングすることにはマイナスの学習およびフィジカルブラックボックスのリスクが生じる可能性が高くなるのです。

対人競技と非対人競技の違いは、トレーニングをパフォーマンスにつなげる際に非常に重要なポイントなので、第４章にて「対人競技の思考順序」という形で具体例を用いながら掘り下げていきます。

視野の重要性「二種類の目の使い方」

もう一つ、対人競技と非対人競技においては大きな違いがあります。

それは**「視野の重要度」**です。

スポーツにおいて、視覚能力が重要なことはいうまでもありません。その中でも特に外的集中が要求される対人競技ではその重要度は非常に高いといえます。

身体をいくら速く動かせても、視覚能力が低ければ反応が遅れたり、高速で飛んでくるボールを正確に捉えられないなど、視覚は身体運動の精度を高める役割を担っています。

もちろん、私がわざわざこのように書かなくても、そもそも誰もがスポーツにおける視覚についての重要性は認識していると思います。すでにビジョン（動体視力）トレーニングを行っている人もいるかもしれません。

ただし、一言で「見る」といっても、視覚系つまり目の使い方には、二種類の経路が存在します。

「見るための視覚系（Ventral stream）」と**「動くための視覚系（Dorsal stream）」**です。

見るための視覚系は、その名のとおり「見るための状態」を全身で作ります。視力検査のようにターゲットにピントを合わせようとすることで発動します。

ターゲットをくっきりはっきり見るためには、身体は動かない方が有利です。そのため、この視覚系が働くと身体の動きは抑えられるようになっています。

結果として、視覚情報をもとにした身体の動きは抑制され、ボールなどの速い物体への反応は遅れやすくなります。

多くの球技指導で見られるような「もっとボールをよく見ろ」という定番フレーズは、もしかしたら見るための視覚系の誘発につながってしまっているかもしれません。

それに対して、動くための視覚系は、まさに動くための目の使い方です。この経路を使うことによって身体の反応速度は上がります。

視覚情報に対する反応を対象とした実験では、見るための視覚系よりも〇・一秒程度も身体運動の反応が速くなることがわかっています。

野球のピッチャーの球速が一四〇km/hだとすると、投げてからキャッチャーミットに届くまで約〇・四七秒なので、この差による影響は甚大です。

高速で動くボールや相手に反応することが要求される対人競技において、どちらの視覚系を使うのかが、パフォーマンスに大きな影響を与えることは明確です。

では、どのように目を使えば「動くための視覚系」を働かせられるのかというと、**「しっかり見ようとしない」**ことがポイントです。「ぼんやり全体を見る」と表現することもできます。

プロ野球やメジャーリーグで数々の安打記録を打ち立てたイチロー氏も、「ボールはしっかり見ずに何となく見ている」といった趣旨の表現をしています。

もちろん、トップレベルのバッターでは、高度な予測や技術など複合的な要素が組み合わさって高いパフォーマンスが発揮されていますが、目の使い方が欠かすことのできない要素であることは確かです。

球技ではありませんが、同じく対人競技である剣道や剣術の世界には、**「遠山の目付」**と呼ばれる言葉があります。「相手と対峙したときに、相手だけを見るのではなく、その背景、かなた遠くに見える山も一緒に視野に入れたまま、相手全体を見るべし」という意味です。

剣や竹刀を持った相手の動きにいかに素早く反応するかを突き詰めた結果として導き出された、「動くための視覚系」を使うための表現です。

私がこれまでサポートしてきた、日本代表ゴールキーパーやK‐1のチャンピオン、そして最多安打を記録したバッターたちも、口を揃えて「ボールをしっかり見ていない」「相手の全身をぼんやり見ている」といいます。

対人競技をやっている選手は、ぜひ「遠山の目付」を練習してみてください。

対人競技の中で、直接対人か間接対人か

競技の分類をもう少し掘り下げていきましょう。

対人競技はさらに直接なのか、間接なのかという区分ができます。

直接対人競技はコンタクトスポーツと言い換えられます。つまり、直接相手に触れて、相手の動きを妨害することができる競技です。

サッカーやラグビー、ボクシングなどが当てはまります。

間接対人競技というのは、ノンコンタクトスポーツです。つまり、道具を介することで、妨害することができるという競技体系になっていて、身体と身体が直接触れて妨害することは禁じられています。

野球やテニスなどが該当します。

対人競技における団体か個人か

対人競技については直接か間接かの次に、団体競技か個人競技かで区分できます。競技人数を見れば明らかですが、直接対人競技の場合、団体がサッカー、ラグビーなどで、個人だとボクシング、柔道などの競技があります。間接対人競技の場合、団体は野球やバレーボールなど、個人はテニスや卓球などです。

団体では個人に比べてかなり広範囲での外部情報収集が要求されるため、高度な外的集中状態が要求されます。

このように、ひとことで「競技」といっても、ざっくりと八種類にわけられます。種類が違うのに、どれもまったく同じトレーニングをしていてよい、はずがないですよね。視野の使い方の違いやコンタクトの重要性の違いがあるように、それぞれで必要とされる技術や取り組むべき課題、そしてそれに適合した集中状態が変わってくるわけです。どんなトレーニングが必要なのか、何のために必要なのか、大幅に変わってくると思いませんか？　それこそ、同じようなトレーニングをしていたとしても、競技によってはトレーニングの目的自体が大きく変わってくることも十分あり得るわけです。

図 10 パフォーマンスを構成する階層構造

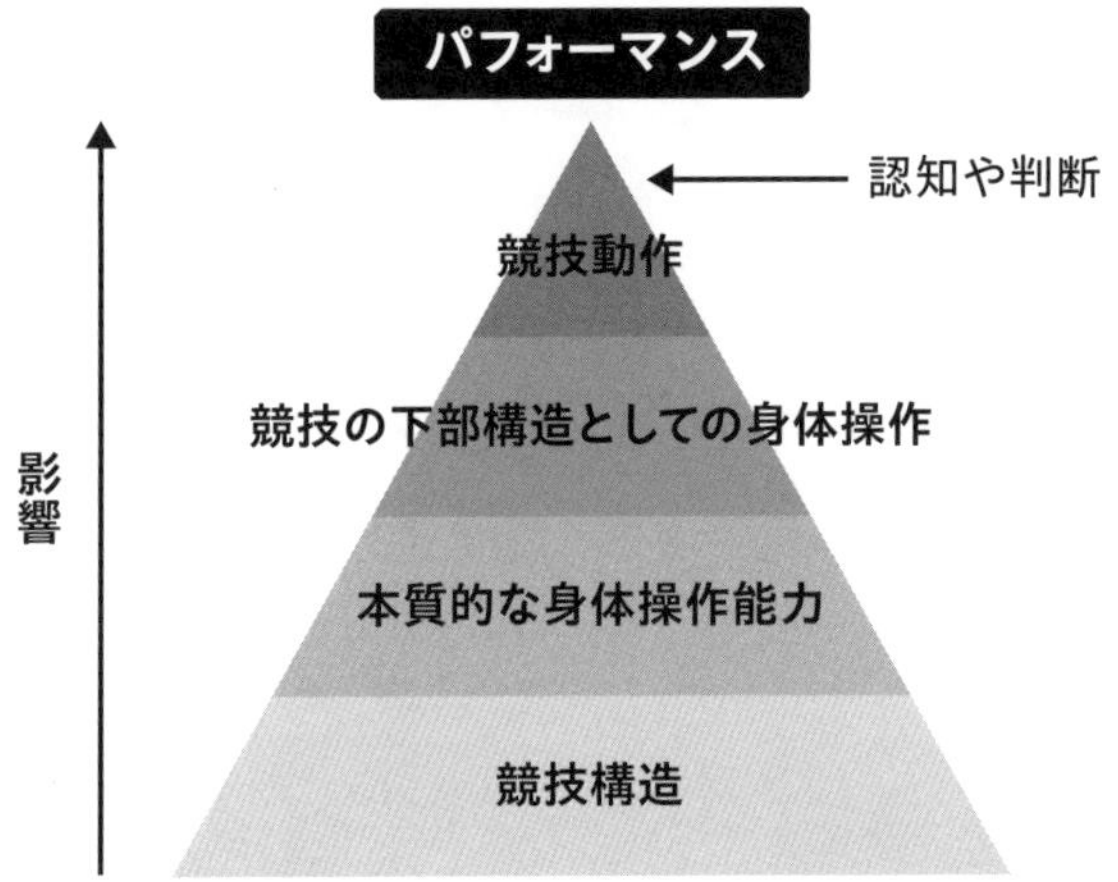

このような分類に基づくトレーニング設定の条件や、特有の身体操作スキルについて、後ほどさらに掘り下げたいと思います。

パフォーマンスを構成する階層構造について

ここまで、やるべきこと方程式を軸に、競技動作の運動構造およびその外枠である競技構造について解説してきました。トレーニングの選択の精度向上に少しでも役立っていれば嬉しいです。

この章の最後は、パフォーマンスはどのような影響関係の中で発揮されるのかという部分の構造について触れておきます。やるべきこと方程式においては、競技動作や、選手の運動構造

への理解を深めるために必要な観点です。【図10】

まず一番下の土台として、「競技構造」が位置付けられます。競技構造に含まれる「不変前提」「対人競技か、非対人競技か」が競技動作に大きな影響を与えるからです。

「本質的な身体操作能力」とは、競技の種類や人種や年齢に関係なく、人間が重力下で大きな力を出したり速く動いたりする際に、共通して**「使うべき部位」**を使いこなせることを指します（本来は、意識など脳活動との統合も含まれます）。

「使うべき部位」とは、人体の構造上、力の伝達や連動において有利に作用する部位のことで、人体に複数存在します。後で詳細なエクササイズを含めてご紹介しますので、そちらをご参照ください。

また、**「伸張反射」**と呼ばれる、人体に備わった仕組みを使いこなすこともこの階層に含まれます。

伸張反射とは、筋肉が急激に伸ばされたときに、無意識かつ急激に筋肉が収縮する現象です。このタイプの収縮スピードや力は、「力を入れよう」という意識的なものよりも大きいとされます。加えて、無意識の自動的な収縮なので、再現性が高いといえます。

ハイスピード・ハイパワー・再現性、これらはすべて高いパフォーマンスを発揮する時に不可欠なものです。

伸張反射の性質は身体中の筋肉が持っていますので、さまざまな競技動作に活用されます。力まずに大きなパワーを発揮するトップアスリートたちは、腕や脚の加速に伸張反射を利用しているのです。

ただし、力んでしまうと、この伸張反射が発動しなくなり、さらに力の伝達や連動にも悪影響が生じます。

だから一流選手たちは必ずといっていいほど力まないことを大事にしています。そういう理由から、本質的な身体操作能力には**脱力能力**も含まれます。

皆さんは筋肉に力を入れる練習はかなりされていると思いますが、力を抜く練習も同じぐらいかそれ以上に取り組んでいますか？　高いパフォーマンスを発揮するためには、筋肉に瞬間的に力を入れることが必要ですが、同じぐらいの重要度で急激に力を抜くことができる必要があります。

使っていない時にはめちゃくちゃ柔らかく、力を入れた時には瞬間的に鋼鉄のように固くでき、次の瞬間にはまた急激に柔らかくできるのがよい筋肉です。十分に脱力できず、常に固いままの筋肉では怪我のリスクが高いだけでなく、大きな力も生み出せません。

加えて、重心位置など、自分の動きを感知する能力もここに該当します。感知能力には筋肉の中にある張力センサーが重要な働きをするため、力んでいてはセンサーの感度は著しく低下します。そのためここでも脱力能力は影響します。力んで動くパターンが身についてしまっていることでパフォーマンスが上手くいかない選手は非常に多いので、ぜひ脱力の重要性を覚えておいてください。

もう一段上に位置する「競技動作の下部構造としての身体操作」は、もう少し競技動作に近い動きを指します。競技動作に直接的に影響を与える動き・力の組み合わせ、先ほど解説した野球のバッティングにおける三つの力が該当します。

これら下部構造が「競技動作」に影響を与え、その上に「認知や判断」が乗ることでパフォーマンスが成立する、という構造です。

この階層的な影響関係から考えると、不変前提と本質的な身体操作を考慮・獲得せずに競技動作の練習を繰り返しても上達効率は上がりませんし、競技の下部構造としての身体操作が不十分なまま猛練習を繰り返すことも非効率的です。

第3章では、**「プロ選手が成果を出したトレーニングはあなたに成果をもたらすのか」**というトレーニングの方法についての考え方、そしてトレーニングがパフォーマンスに転移(つながる)しやすくなるための視点、**「フィジカル原則」**について掘り下げます。

3 トレーニングの三階層

プロ選手が成果を出したトレーニングはあなたに成果をもたらすのか

読者の皆さんは、「どんなトレーニングをやればよいのか」、「効果的なトレーニングについて具体的なことが知りたい」、そう思って本書を手に取ってくださっていると思います。

ここまで読んでくださった方は、トレーニングというものは、やれば必ず効果が得られるというものではなく、取り組む競技の構造や競技動作の運動構造を考慮して「選択」していく必要があるということも理解いただいていると思います。

そこでもう少しこの部分を掘り下げて、今度はトレーニングの「特性分類」についてお話したいと思います。トレーニングの選択と効果に非常に重要な意味を持つので、必ず知っておいてほしい分類です。

世の中にトレーニングは数多ありますが、あなたはどのように選んできましたか？

たとえば、「今自分に必要なトレーニングは股関節の動きを高めるものだ」と判断した場合、どのように選ぶべきでしょうか。もちろん、ここまで解説した内容を踏まえ、競技構造や競技動作の構造などからある程度まで絞ることができた上で、です。

股関節の動きを高めるトレーニングは、細かい違いまで含めるとおそらく余裕で数百種はあります。選手でもトレーナーでも、それらのすべてを知っている必要はありませんが、誰でも少なくとも一〇種類程度の中から選ぶことは要求されるはずです。

選択を行う際、なぜそれを選ぶかの根拠として、「プロ選手がそのトレーニングで成果を出したから」といったものが挙げられることがあります。昨今、プロ選手がＳＮＳや書籍で自らのトレーニングを紹介する場面がかなり増えました。ものすごい動きができるプロ選手が「毎日スクワットを一〇〇〇回やってきました。私はそれによりパフォーマンスが向上しました」と公表するのを聞いたら、やはり試したくなるのが選手の心情だと思います。

読者の皆さんは、もう理解されていると思いますが、もちろんそんな理由で選択したトレーニングを行っても、プロと同じ成果は得られません。太ももは強くなるかもしれませんが、それがあなたのパフォーマンスにつながるかどうかが明確になっていないままだからです。

これらの観点を踏まえ、トレーニングの選択において理解しておくべきことは、トレーニングの三つの階層による分類です。ここでは複雑になりすぎることを避けるため、競技や競技動作の各構造などの観点はあえて省いて説明します。やるべきこと方程式における「トレーニング動作の運動構造」の理解だと位置付けて読み進めてください。【図11】

以下の階層を理解することで、今自分が本当に取り組むべきトレーニングの階層が何か、気づけるようになると思います。

階層3

スクワットや腕立て伏せ、腹筋などいわゆる一般的なトレーニングを指します。ウエイトトレーニングもここに当てはまります。

ここに該当するようなトレーニング群を**「変動階層」**と表現します。トレーニングの実施者の能力（本質的な身体操作）のレベル次第で効果が〝変動〟するからです。トップアスリートがやれば成果が得られるのに、そうでない人では成果が出ない現象、つまりフィジカルブラッ

図 11 トレーニングの三つの階層

各種トレーニングは並列ではない

影響

階層 3

一般的なトレーニング
＊各種競技練習も含む

変動階層

■階層1.2の影響を受ける
■そのレベル次第で成果が変動

階層 2

良い動きを引き出すために
デザインされたトレーニング

デザイン階層

■どのようなトレーニングを行っても質を担保できる
■変動階層トレーニングの成果向上
■動作の習得スピード向上
■多くの身体操作トレーニング
■マイナスの学習リスク軽減

階層 1

良い動きを獲得するための
身体機能・状態にするための
トレーニング

基礎階層

■階層2のデザイン許容度が上がる
■柔軟性・分離運動・筋力・重心操作・体性感覚の変化を感知
■基礎的（主に静的）な身体操作トレーニング
■アクティベーション系統

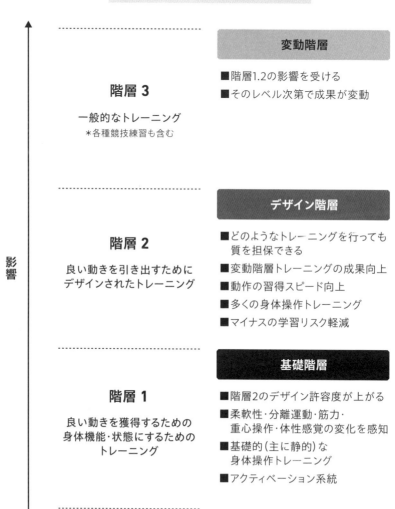

クボックスはこの階層のトレーニングで生じやすいのが特徴です。日々ＳＮＳで投稿される、〝斬新な〟トレーニングも変動階層に属するものが大半です。

ウエイトトレーニングの有効性の議論がいつまでたっても決着しないのも、変動階層という観点がないことが理由の一つだと思います。

この変動階層のトレーニングを行う際に最も重要なことは、選手の本質的な身体操作能力です。バーベルを担いでスクワットをする際に、いろんなところを力ませてやってしまうようではパフォーマンスへの正の転移が起こりにくいからです。

そんな選手にいくら〝正しいフォーム〟のスクワットを指導しても、その競技で使うべき部位が適切に働かない状態のままだと、マイナスの学習が進んでしまうリスクは非常に高いといえるのです。階層２、１の解説を読めばわかりますが、世の中の大半のトレーニングは変動階層に該当します。トレーニングを行う前の分析がいかに重要か理解していただけると思います。

階層２

良い動作パターンを引き出すためにデザイン（動作の課題設定）されたトレーニング群です。

ここは**「デザイン階層」**と呼びます。

使うべき部位や脱力課題が、タスクに沿って実施することできちんと使いやすくなるようにデザインされたトレーニングなので、動作の質を担保することができます。動作の質とは、パフォーマンスに良い影響を与えるという意味です。

たとえば、腕立て伏せをやる場合、普通にやると大胸筋や三角筋などの筋肉が主役になります。しかしこれらの筋肉は背骨に直接付着しないものであり、そのため上半身と下半身を連動させるような動き方の学習には繋がりません。これらはむしろ力みやすい部位であるため、腕立て伏せをやりこんで胸や肩まわりの筋肉が働きやすくなる動作パターンを学習することでむしろマイナスの学習の可能性が高まります。

それを避けて腕立て伏せをパフォーマンスへと繋げていくための一例としては、手の位置と胸の位置関係、肘を曲げる角度と方向設定によって「使うべき部位」である後ろ脇に入るように誘導しつつ、胸や肩が力まないように〝避けるべき感覚〟を設定します。

腕立て伏せはそもそも変動階層ですが、このようにタスク設定をすることで本質的な身体操作が引き出されやすくなります。デザイン階層のトレーニングを入念に積み重ねていくことで、変動階層で成果を得られるトレーニングの範囲が増えていきます。

階層1

階層の最も下部に位置し、デザイン階層・変動階層に影響を与えるのが、「基礎階層」です。

本質的な身体操作を獲得・向上するために必要な身体機能を作り上げていくためのトレーニング群です。

重心位置を感知する感覚や、脱力、柔軟性、そして直接的に「使うべき部位」に刺激を入れていく「アクティベーション」という手法もここに含まれます。

この階層のトレーニングを行うことで、階層2のデザイン許容度が上がります。そしてデザイン階層の許容度が上がると変動階層の許容度が上がります（具体的には、二四〇頁からのトレーニングを参照）。


ほとんどの選手は、階層1から階層3に向かって、順序立てて取り組んでいくのがよいと思います。腕であれば、何も考えずに腕立て伏せをしても後ろ脇が働くようになるまでは、階層1、階層2を中心に。

それらが当たり前になってきたら階層3の比率を増やすイメージです。

一回のトレーニングの構成も、階層1から階層3にむかう形を推奨します。

階層1というのは、いわゆる土台固めです。土台が階層2や階層3に影響する以上、階層1をどれだけ深められているかが、階層3で得られる成果に大きく影響します。

階層3で強度を上げるのは、その後です。もちろん、今までやってきた階層3のトレーニングを必ずやめる必要はありませんが、マイナスの学習が起こらないように注意しながら実施す

写真 フォワードランジ

る必要はあります。いずれにせよ、階層1と2が階層3のトレーニングの良し悪しを決定づけることは忘れないでください。

フォワードランジで階層と運動構造を理解しよう!

三階層の話をもう少し深める意味で、変動階層に属する「フォワードランジ」を例にとって解説します。

このトレーニングは、片脚を大きく前に踏み込み、その重心移動に対して身体を支えることで下半身を鍛錬するものです。かなり一般的なものなので、多くの人が経験しているものだと思います。踏み出す方向を変えたり、バーベルを担いで強度を高くして行うなど、アレンジのしやすい、使い勝手の良いトレーニングです。よくある動作エラーとしては、踏み込んだ脚の

写真 NG例

膝が前に出てスネの骨が前方に倒れてしまう

膝が内側に入ってしまう

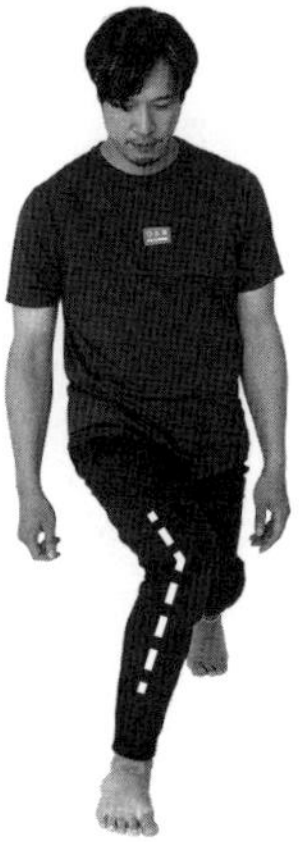

膝が前や内外にブレるというパターン。

一般的にその原因とされるのが、「筋肉量が足りない」というもので、エラーを起こさないために「膝まわりの筋力を上げて膝の動きをしっかり止められるようにすること」という改善方針が取られることが多いと思います。

もう一度いいますが、一般的なフォワードランジは変動階層です。なぜ変動階層なのかというと、踏み込み脚、そして後ろ脚それぞれの動かし方によって身体に生じる効果が大きく異なるからです。ゆえに**ランジ動作における膝ブレの動作エラーは、ほとんどの場合、筋力不足ではない**というのが私の考えです。

フォワードランジの踏み込み脚で使うべき部位の代表格が**モモ裏の内側上半分**、そして**大臀筋の下半分**です。この部位は股関節の伸展作用（太ももを後ろに動かす作用）を持ち、強烈に地面を蹴ることができるため、走るスピードに非常に大きく貢献します。また、着地や踏み込みなど、身体を支える際にも必ず働いてほしい部位です。加えて腰や膝まわりの余分な力みを抜く作用もあるため、パフォーマンス向上には欠かすことのできない重要部位です。

そういう理由から、当該部位を**「下半身のホットゾーン」**（一七八頁参照）と呼んで下半身における最重要トレーニング部位（＝使うべき部位）としています。

反対に、支える時や走る時に前モモが強く働くことはできる限り避ける必要があります。前モモが強く緊張することは腰を代表として身体全体を固めて使う傾向を生み、全身を連動させて使う際の阻害因子になるためです。

「股関節を上手く使う」という表現はスポーツの世界には溢れかえっていますが、**前モモの作用をできるだけ抑制し、ホットゾーンを正確に使うこと**ができているかどうかが、その分かれ目です。

このことはフォワードランジにも当てはまり、原則として踏み込む側の脚では前モモ抑制＋ホットゾーンのセットがいかに正確に実行できるかが〝変動の方向〟を決めます。つまりフォワードランジを繰り返していく中で、踏み込み脚の前モモが疲れてくるという場合は、トレーニングの中心をデザイン階層にシフトする必要があるのです。

実は、フォワードランジは変動階層だけでなく、動作課題の設定次第でデザイン階層に変更することができます。「腕立て伏せ」の各種設定を緻密に行うことで「デザイン階層の腕立て

写真　フォワードランジの運動構造

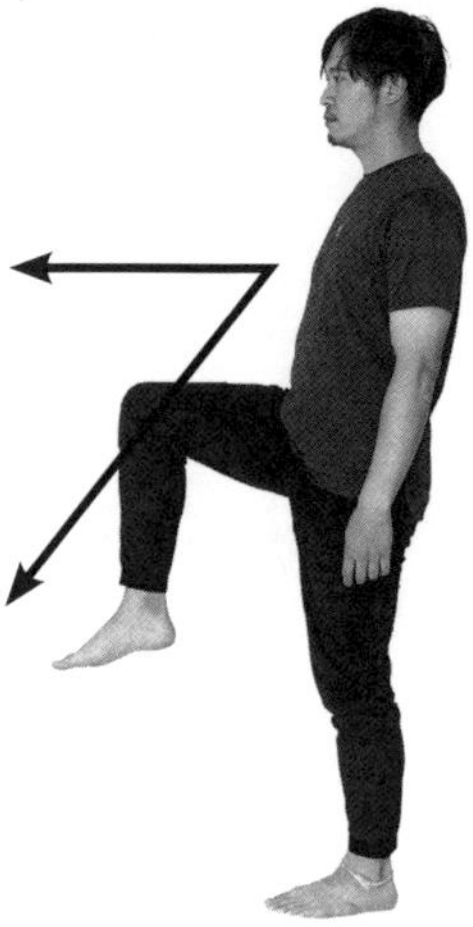

伏せ」に変更することと同じです。

では、デザイン階層のフォワードランジとはどういったものなのかをご紹介します。

デザイン階層のフォワードランジ

具体的な設定を紹介する前に、まずフォワードランジにおける「運動の構造」を整理しましょう。

立った状態から前方に踏み出すので、身体は前下方へと移動します。よって力のベクトルの中身は、前方向と下方向です。

デザイン階層でのランジ動作設定のポイントはこの二つのベクトルです。

踏み込んだ際に膝が前に出る現象は、前に向かうベクトルが下に向かうベクトルよりもかなり大きいことを意味します。その力を膝まわり

写真 NG例

写真 下方向のベクトルを増大させる

写真 NG例

後ろの膝が曲がってしまう

の筋肉（主に前モモの筋肉）で受け止めきれない場合に膝が前方にブレるという現象が起こります。それゆえ、膝まわりの筋肉を鍛えて膝の動きを止めることができても、前モモがばっちり働いてしまっていれば本質的にはトレーニングの質は低いままです。

この構造がわかれば、改善策つまり動作課題の設定が見えてきます。つまり**やるべきは下方向のベクトルを増大させるための動作設定**です。

まず最も重要な設定は、踏み込み脚での下方向の力を強くするために、**真下に向かって垂直に強く踏み込む**こと。踵から踏み込むと、これも前方ベクトルが生じるので、足裏全体で下方向のベクトルをしっかり発生させましょう。そうすると膝が前にブレることなくバチンと気持ちよく膝が止まります。

この下方向への強いベクトルを発生させてい

るのが、「ホットゾーン」つまり股関節の伸展作用を持つ筋肉たちです。身体全体を前に倒して踏み出しながら、真下に足裏全体を叩きつける動きは、ほとんど必然的にホットゾーンが働きます。

ホットゾーンを使った結果として膝がブレないフォワードランジを行えることは、力学的にも、身体の使うべき部位を正確に働かせるという点でも整合性が取れています。

下方ベクトルではありませんが、もう一点だけ重要な設定ポイントがあります。それは**後ろ脚の膝を下げない**ということです。後ろ膝を落として地面に近づけてしまうと、やってみるとわかりますが、両脚の前モモが緊張しやすい位置関係になります。太ももが水平になるように腰を落としていくと前モモは緊張しやすいのと同じことです。〝キツさ〟を追い求める場合は膝や腰を落とすのも問題ありませんが、動作学習という観点からは決してお勧めできない方法です。

以上をまとめると、一般的なランジが変動階層だとしたら、下半身のホットゾーンが必然的に働くように（真下に強く力を発揮するタスク）設定をしたのがデザイン階層のフォワードランジです。そして、そもそもホットゾーンが反応しやすい状態を作るために、モモ裏や股関節に刺激を入れたり、阻害因子（モモ裏や股関節・腰の固さなど）を解消していったりするのが階層1である基礎階層です。

このフォワードランジを何度も繰り返してみて、前モモや膝まわりの筋肉に疲労が出ず、モ

図 12 フィジカル原則

フィジカル原則

原則 0　**全ては競技構造内で行う**

原則 1　**全体と部分の関係を保つ**

原則 2　**言葉を定義する**

原則 3　**どんな時も保持すべき「状態」**

原則 4　**動作に起点を置く**

モモ裏の付け根やお尻あたりが疲れてくるようであれば上手くできています。何も意識せずに行ってもできるようになったら、バーベルを担いでも大丈夫です。担いでからも同じようにチェックしながら負荷を上げていきましょう。

トレーニングを行う上でのフィジカル原則

ここから先、どんどん具体的な話を展開していく前に、トレーニングを行う上での前提となる**「フィジカル原則」**を押さえておきましょう。**【図12】**

押さえるべき前提を踏まえてトレーニングを行った方が確実に実力アップに繋がりますので、ぜひ覚えてください。

原則0 すべては競技構造内で行う

パフォーマンス向上を目的としたトレーニングを行う上での大前提です。高重心・低重心、内的集中・外的集中など、競技構造に合致した「状態」でトレーニングを行えているか、またはその方向に向かっているかをチェックしてください。

原則1 全体と部分の関係を保つ

「全体」とは、競技構造内に含まれる競技動作・身体各部位の動き、筋肉や関節の動きです。「部分」とは、〇〇筋や〇〇関節の動きなど、全体を構成する要素を切り取ったものを指します。

これまで述べてきたように、トレーニングをパフォーマンス向上に着実につなげるためには、本来は「股関節のトレーニング」は競技動作の構造に沿ったものであり、その競技動作は競技構造の特性に沿ったものである必要があります。股関節のトレーニングのための「股関節の柔軟性向上ストレッチ」もこの流れの延長線上にあることが必要です。

しかし多くのトレーニングでこの関係が〝分裂〟してしまいやすいのです。典型的なものが筋肉の強化です。たとえば、「モモ裏の筋肉であるハムストリングスが走力アップに重要」＋

「速い選手は実際にハムストリングスの筋力が高い」という事実に対して、競技構造や競技動作の構造を考慮せずにレッグカールなどで個別の筋肉をターゲットにしてトレーニングを行うケース。レッグカールで強化できるのはハムストリングスの下部であり、この部位は膝を曲げること作用を主としています。トレーニングによって走行時にこの下部を優位に使うことを学習してしまうと、非効率な動作で地面を蹴ることになるなど、マイナスの学習につながる要因は数多くあります。

このようなトレーニングによって実際に筋力が増大しても、その競技で必要な走力につながらなかった、といった結果は、皆さんが想像している以上にかなり多く存在します。

これは個別の筋肉をターゲットにしてトレーニングしてはいけないということではなく、個別の筋肉から【関節の動き↓力の組み合わせ↓競技動作↓競技構造】という形で遡っていけるかどうかを蔑《ないがし》ろにしてはならないということです。

原則2 言葉を定義する

スポーツの世界は、曖昧な表現が非常に多いですが、曖昧なまま扱うとせっかくの努力がパフォーマンスにつながらないという結果になってしまいやすいため、曖昧な言葉は必ず定義しておく必要があります。

たとえば**「体幹が強い」**という言葉。「もっと体幹を強くしたいんです」と表現する選手は多く、実際に「体幹の強化」トレーニングに取り組んでいる選手はとてもたくさんいます。この場合、まずは「体幹とは」を、そしてその上で「体幹が強いとは」を明確にしないと、何となくトレーニングを行うことになります。

どういうことかというと、まず体幹がどの部分を指すのかを明確にしないとそもそもトレーニングのターゲットが不明確になるという意味です。なぜなら体幹という解剖学的な部位は存在しないからです。胸も体幹ですし、お腹も体幹ですが、胸とお腹では鍛え方は大きく異なります。

「体幹が強いとは」については、仮に対象がサッカーだとすると、「サッカーにおいて体幹が強いとは」を明確にしなければなりません。

なぜなら「強い」には、少なくとも二種類あり、鋼鉄のように固められる**剛系の強さ**と、いくら力を受けてもすべて受け流しながらもバランスが崩れないグニャグニャを操れる**柔系の強さ**があるからです。そしてそれがサッカーの競技構造の中でどのように発揮されるべきかが規定されるからです。

少なくとも、選手の課題となっている体幹の強さがどちらのタイプなのかを明確にしておかなければ、体幹強化トレーニングをして〝強く〟なったのにサッカーでは体幹が弱いまま、という結果が起こりやすくなります。

原則3　どんなときも保持すべき「状態」

トレーニングを実施する際、どのような「状態」を保つかは、トレーニングがパフォーマンスに繋がっていくか否かに大きく影響します。これまで説明してきた競技構造「高重心か低重心か」の違い、そして「対人か非対人か」による集中パターンの違いが主な理由です。

たとえばバスケットボールであれば、団体・直接対人競技、そして高重心競技です。この場合、保つべき状態は「外的集中」と「高重心」です。団体ですから、広い視野とそれに見合った顔の方向や首の動きも要求されます。

学習という観点から考えて、トレーニング時もこれらの状態を保持またはその状態に向かうベクトル上で実施する必要があるということです。

原則4　動作に起点を置く

何キロ持ち上げられるようになったか、何秒で走れるようになったか、そうした数値は目に見えて非常にわかりやすいですが、こういった数値の向上とパフォーマンスの向上は必ずしも一致しないことは、ここまで読み進めていただいた方はもう理解されていると思います。もちろん、短距離走などの非対人競技では直結する場合も多いため、一概にはいえませんが、少なくとも対人競技の場合は、そうした数値は選手のパフォーマンスのほんの一部しか表現していません。

そのため、競技の指導者であれば「競技動作がどうなっているか」を見抜く目が必要ですし、選手であれば「どういう感覚なのか」を鋭く知覚できるセンサーが必要です。

そしてトレーナーやフィジカルコーチであれば「トレーニング動作・競技動作がどうなっているか」を見抜く目が必要です。数値ばかり見ていてはこの部分が鍛えられることはありません。数値も参考にしつつ、**常に「動作」を最重視する**ようにしてください。

見かけ上のレベルアップの罠

原則4「動作に起点を置く」のところで、数値と実際の動作を見抜く部分について解説しましたが、ここは非常に重要なのでもう少し掘り下げたいと思います。

非対人競技よりも対人競技の方が問題が起こりやすいので、対人競技の中でも団体種目かつ広いピッチ、そして足でボールを操作する不確実さも相まって非常に複雑な競技であるサッカーを用いてもう少し解説します。

フィジカル原則の全体像を把握する上でも役立つと思いますので、ぜひ自分の競技に当てはめながら読んでみてください。【図13】

サッカーでは近年、ウェアラブル端末などの発達によって試合中や練習中に計測できるデータはどんどん増えています。同じくフィジカル領域においてもどんどん数値化が進んでいますし、これからも進むことが想定されます。もちろん数値は重要な指標であり、選手のパフォーマンスや怪我のリスクを評価・想定する上で非常に有効です。

しかし、サッカーのような複雑極まりない競技においては、「計測する意味のある数値」と「計測する意味のない数値」をしっかりと考える必要があります。本書はサッカーの競技本ではないので、フィジカル領域に絞って解説します。

計測する意味のない数値は、「状態」が異なる状況で発揮している筋力やスプリントタイムが代表格です。厳密にいうと数値そのものに意味がないというよりも、数値を計測する状況そのものがサッカーの競技構造と大きく乖離しやすいためです。

静止姿勢で構えて合図でスタートし、〝絶対に〟急減速や方向転換がないことが保証された中で走る状況は、対人競技において生じることはありません。

図 13 見かけ上のレベルアップの罠

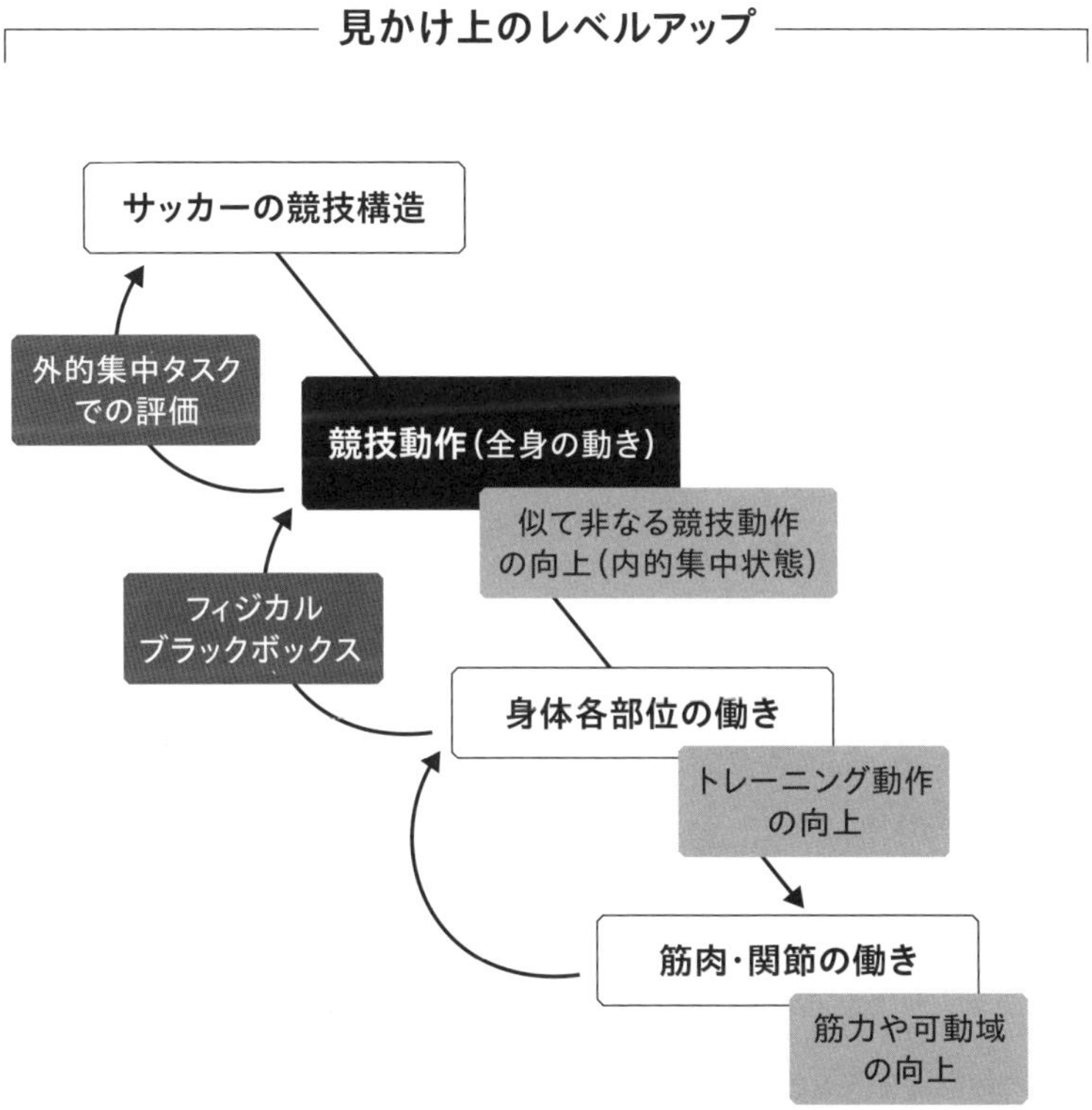

単純に数値化できない部分が多い

計測できない構造を持つものを計測できるもので計測しても本質的には意味がない

→計測できた数値を追うことへの疑問

「それでも走力そのものを調べることは重要です」と思われるかもしれません。もちろんそのとおりですが、現在のパフォーマンスを評価し、そこから向上していくための「材料」として数値を計測している以上、パフォーマンス向上にとって意味のある数値でなければなりません。

このような〝環境〟で計測されたタイムが「遅い」という計測結果が出た選手にはどういう課題が課されるかを考えると、この問題の本質が見えてきます。

遅かった選手には「タイム向上」という目標が設定され、〝非対人状態での〟スプリントトレーニングが課されます。〝走力向上〟トレーニングを繰り返し、タイムは速くなったが、試合では……といった状況になってしまうことは、まさに努力と成果のギャップが大きい状態です。

筋力の数値化についても同じ構造です。ウエイトトレーニングに代表される、筋力強化の状況は、一般的に非対人状態です。どっしり安定した状態で発揮することを学習した筋力発揮パターンは、走ったりぶつかられたり片脚でボールを扱ったりする不安定な状況でどれほどフィジカルブラックボックスを生み出すことになるでしょうか。

このような、数値や可動域、フォームのレベルアップがあるにも関わらず、実際の競技パフォーマンスでそれに見合った成果が得られない状態を**「見かけ上のレベルアップ」**といいます。

見かけ上のレベルアップの問題は、フィジカル原則への理解が不十分であることで頻発します。

す。

努力のロスを防ぐためにも、ぜひ押さえておいてください。

第4章では、注意すべきことが複雑になりがちな対人競技を中心に、パフォーマンスを高めるための試行順序を解説します。トレーニングがパフォーマンスに転移するために不可欠な「対人状態」を作るためのトレーニング設定方法についても詳しくご紹介します。

4

競技を思考する

対人競技でも内的集中状態を使う必要がある

ここからは、特に対人競技にフォーカスしつつ、ここまで説明してきた内容をケースごとに、より具体的に説明していきたいと思います。

主に対人競技を扱う理由は、それだけ競技構造や競技動作の運動構造が複雑だからです。それゆえ対人競技におけるフィジカル領域の論理が理解できれば、非対人競技への理解も同時に深まっていくからです。

ここまで何度か触れてきましたが、**トレーニングは普通に行うと内的集中状態になりやすく、外的集中状態が要求される対人競技では特にトレーニングの状態とパフォーマンスが乖離してしまう**傾向があります。

しかし実際問題として、現状よりも優れた動作を学習していく際に、自分の動きや感覚に意識を向ける、内的集中状態が必要なことも確かです。そうしないと自分が身につけてしまっている「動きのクセ」に気づくことができず改善も難しいからです。

つまり対人競技におけるパフォーマンス向上を目的としたトレーニングは、内的集中と外的集中の両方を使いこなす学習プロセスを理解していることが求められるのです。

その前段階として、学習プロセスの理解を深める上で必要となる、「動作パターン」についてまず簡単に解説します。

動作パターンへの理解を深める

動作パターンとは、簡単にいえば「動きのクセ」のことです。肩が力んでしまうクセなど、競技動作に不利に働くものを**「不良パターン」**と呼び、特に注意すべきものとして扱います（有利に作用するものは「優良パターン」）。

まず、不良パターンが出現しやすい状況を押さえておきましょう**【図14】**。

非常に重要なので、ご自身にも当てはめ、どのような場面でパターンが出ているかをチェックしてみてください。「力みやすい場面」と置き換えるとわかりやすいと思います。

不良パターンが出現しやすい場面

- 特に何も意識せずに動くとき
- 大きな力を出そうとするとき
- 速く動こうとするとき
- 不安定な状況で動こうとするとき

図14 不良パターンが出現しやすい場面・抑制しやすい場面

パターンが出現しやすい場面

■特に何も意識せずに動くとき
■大きな力を出そうとするとき
■速く動こうとするとき
■不安定な状況で動こうとするとき
■「失敗できない」などプレッシャーがかかったとき
■自分にとって複雑な動きをするとき
■自分が不慣れなリズムで動くとき

パターンを抑制しやすい場面

■リラックスして動くとき
■自分にとって余裕のある速さで動くとき
■自分にとって余裕のある力しか出さなくていいとき
■プレッシャーがかかっていないとき
■「使うべき部位」が適切に働いているとき

・「失敗できない」などプレッシャーがかかったとき
・自分にとって複雑な動きをするとき
・自分が不慣れなリズムで動くとき

不良パターンとして選手自身が知覚しやすいのは**「力み」**です。パターンなので、だいたいいつも同じところが力むと思います。

客観視すると腰や肩などをいつも同じような形状で固める動作として顕在化します。

パターンとして知覚しにくいものとしては**「低重心」**があります。日本社会で育った人にとって、感覚的（どっしり感）にも外見的（安定感）にもあまりにも当たり前だからです。

一方で、これらの場面で抜群に良い動きができる選手、つまりトップアスリートたちはこれら〝難易度の高い〟場面で「優良なパターン」

を発現させています。もちろんパターンですから、無意識に、です。トレーニングの学習プロセスのベクトルはこの境地に向かうものでなくてはいけません。

今度は逆にパターンを抑制しやすい状況についても押さえておきましょう。

不良パターンを抑制しやすい場面

- **リラックスして動くとき**
- **自分にとって余裕のある速さで動くとき**
- **自分にとって余裕のある力しか出さなくていいとき**
- **プレッシャーがかかっていないとき**
- **「使うべき部位」が適切に働いているとき**

パターンを抑制しやすい状況は、裏を返すと**新たなパターンを学習しやすい状態**ということを意味します。学習プロセスの初期はこの状態を利用します。

学習プロセス全体の方針は、**「不良パターンの抑制」**と**「より優良なパターンの採用」**を両立すること。この関係を保持しながら、「パターンが出現しやすい場面」において優良パターンが発現できるようにトレーニングを発展させていきます。

パターンの考え方は非常に重要ですので、第6章で具体例を用いてさらに詳しく解説します。

学習プロセスの初期

「学習プロセス」を言い換えると、競技動作の高レベル化を阻害している「不良パターン」の抑制とその競技構造における「優良パターン」の学習を同時に実行し、両者の発現のしやすさを入れ替えてしまおうということです。

ここでは、話の前提として、現在は腰を固める不良パターンが優位になってしまっている対人競技の選手が、優良パターンを獲得・発現しやすくしていくケースを想定します。

学習プロセスの初期は、不良パターンがすぐに出現する状態です。ゆっくりやさしく動くと腰を固めることなく動けますが、少し動作スピードや出力を上げるとすぐに腰を固めるパターンが出現します。

このような状態でいくら多様な種類のトレーニングをこなしたとしても、腰を固めるパターンを許したままでは、実質的には〝腰を固めるパターンを強化する〟トレーニングとなってしまいます。

学習プロセスの初期では、以下二つのポイントを重視します。

①不良パターンの抑制を優先する

動作速度、要求する出力を、パターンが抑制できる程度とすること。

②刺激(アクティベーション)を使う

動くことで不良パターンがとにかく出現しやすい状態なので、優良パターンで働かせるべき部位（＝使うべき部位）への刺激を優先します。トレーニング三階層の基礎階層に該当する方法です。後ほど紹介しますが、刺激を使うことで、意識しなくても働きやすい状態を作ることができますので、不良パターンの抑制とは非常に相性が良いといえます。

日常生活動作も含めて刺激を頻繁に入力しながら、トレーニング動作において優良パターンが出力できる許容範囲を拡大していきます。

学習プロセスの中期〜後期

ある程度不良パターンが抑制できてきたら中期に移行します。中期では、徐々に競技構造に合致させていく割合、つまり外的集中での動作の割合を増やしていきます。このフェーズでは特に不良パターンの知覚を繊細にできることが要求されます。外的集中のタスクで動きつつも、腰を固めたことを感知し、修正しなければならないからです。指導者側も同様に、ある程度パワフルな動きの中で腰を固める動作を見抜かなければなりません。

後期に向かって「抑制+優良パターン」の関係を保持しながら外的集中での動作タスクを展開していきます。「パターンが出現しやすい状況」でいかに優良パターンを採用できているかが常に指標です。そもそもの自分のパターンで解決できる課題と、新たに獲得を目指す優良パターンにチャンンジしないと解決できない課題が適度に混じったものが必要です。指導側の腕の見せ所です。

動作課題におけるパターンが改善してきたら、再び初期の単純課題に戻ってこのプロセスを繰り返します。

繰り返す理由は、**基準の高度化**です。

以前であれば「問題なし」とできていた度合いのパターンでも、動作レベルが向上してくることで相対的には「不良パターン」になるからです。

反復のない反復

対人競技でのトレーニングにおいて目指すべきものは外的集中状態であり、別の言い方をすると**「ありとあらゆる状況に対応できる状態」**といえます。対応できる状態、とは優良パターンで動ける状態のことを指します。

同じ動作をひたすら繰り返すことこそが動きを覚えるための近道であり、それが無意識に発揮できる動きの獲得につながる、と考えられがちですが、（非対人競技では有効であっても）対人競技ではそうもいきません。

相手（やボール）といった流動的に変化する要素に対して、自分の動きを調整しなければならない競技構造である以上、環境変化に柔軟に適応して運動目的を果たせるようになるという考え方、つまり**「適応能力」**を向上させるという視点は不可欠です。

ここでいう適応能力とは、**「異なる状況で同じ結果を出せる能力」**のことです。野球のバッターであれば、異なるコース・タイミングのボールに対して、常にバットの芯で捉えることを意味します。

そのため、ある程度「抑制+優良パターン」ができてきた段階、つまり**学習プロセスの中期以降は、できる限り同じ動作課題の繰り返しを避ける**必要があります。

「反復のない反復」とは具体的には、同じターゲット部位に対してさまざまなトレーニングをすることであり、同じ動きでも使用する道具を変えることであり、足元を不安定にしたり、視覚的な制約を加えることが該当します。

対人競技での思考順序

このように、対人競技でのパフォーマンス向上の「再現性」を高めるためには注意すべき点が多く、筋力を鍛えればパフォーマンスが上がる、といった単純な構造ではないということはもう十分に伝わったと思います。流動的な要素が複雑に絡み合い、それゆえに扱うべき動作も、そのパターンも複雑になるのです。ここからは具体的な競技動作を用いながら、対人競技をさらに掘り下げていきましょう。

対人競技におけるパフォーマンスアップを狙う上で、トレーニングを〝外さない〟ための思考順序に沿って解説していきます。

対人競技トレーニングでの思考順序

・思考順序1：自分のパフォーマンスを発揮できる条件を確認
・思考順序2：基本と基礎の考え方を確認
・思考順序3：トレーニングにおける対人状態を確認

思考順序1 自分のパフォーマンスを発揮できる条件を確認

これまで繰り返してきた、非対人と対人の分類が前提となります。

どちらの競技も「自分のパフォーマンス」を存分に発揮できれば勝利の確率が上がります。

普段の練習やトレーニングはそのためにやっているはずです。プレッシャーのかかる試合でも自分のパフォーマンスが十分に出せるようにするためであり、自分のパフォーマンスの上限向上・底上げをしていくためです。

なので「自分のパフォーマンスを発揮」するという切り口から、再び非対人競技と対人競技を比べてみましょう。

非対人競技

対戦相手から妨害されることは〝絶対に〟ないため、自分のパフォーマンスを発揮できるかどうかは、自分次第です。裏を返すと相手のパフォーマンス発揮を妨害することも許されていないため、勝つためには相手よりも良い成績（タイムや採点）を出すしかありません。
そのため、とにかくシンプルな反復が「自分のパフォーマンス」の発揮に繋がりやすいといえます。つまり練習量がものをいいます。
図解すると、このようになっています（二段構え）。【図15】
もちろん、集中力の低下や疲労の蓄積、それに伴う怪我のリスク増大などには注意する必要はありますが、練習量と得られる成果はおおむね比例関係に近い状態に表されるといえるでしょう。たとえばアーティスティック（シンクロナイズド）スイミングや新体操などは、練習が長時間になる競技の代表格ですが、さまざまな問題も抱えつつですが、そこにはある意味で合理的な理由もあるのです。

対人競技

大きな特徴は、**「妨害される・妨害できる」**ことです。

つまり「自分のパフォーマンスを発揮すること」と「相手にパフォーマンスを発揮させないこと」が密接に結びついているといえます。

相手を妨害することもできるが、相手からも妨害される、という状態においては、ただひたすら反復して「型（フォーム）」が正確にできるようになったことが「自分のパフォーマンス」を発揮することを約束するわけではないのです。

自分のパフォーマンスを最大限発揮するためには、相手に影響を与えるか、あるいは相手からの影響を排除するか、という条件を踏まえたトレーニング体系が必要になってきます。

図解すると、このような関係性になっています（三段構え）。**【図15】**

たとえば、対人競技であるサッカーにおいて、日本人が比較的好む傾向にある、個人練習でひたすらドリブル練習をしたり、何十本、何百本ものシュート練習を行ったり、陸上選手のようなスプリント練習を繰り返す。そうした〝非対人的な反復練習〟は、試合でのパフォーマンス発揮につながっていきにくい可能性が高くなるのです。

図 15　競技における思考順序

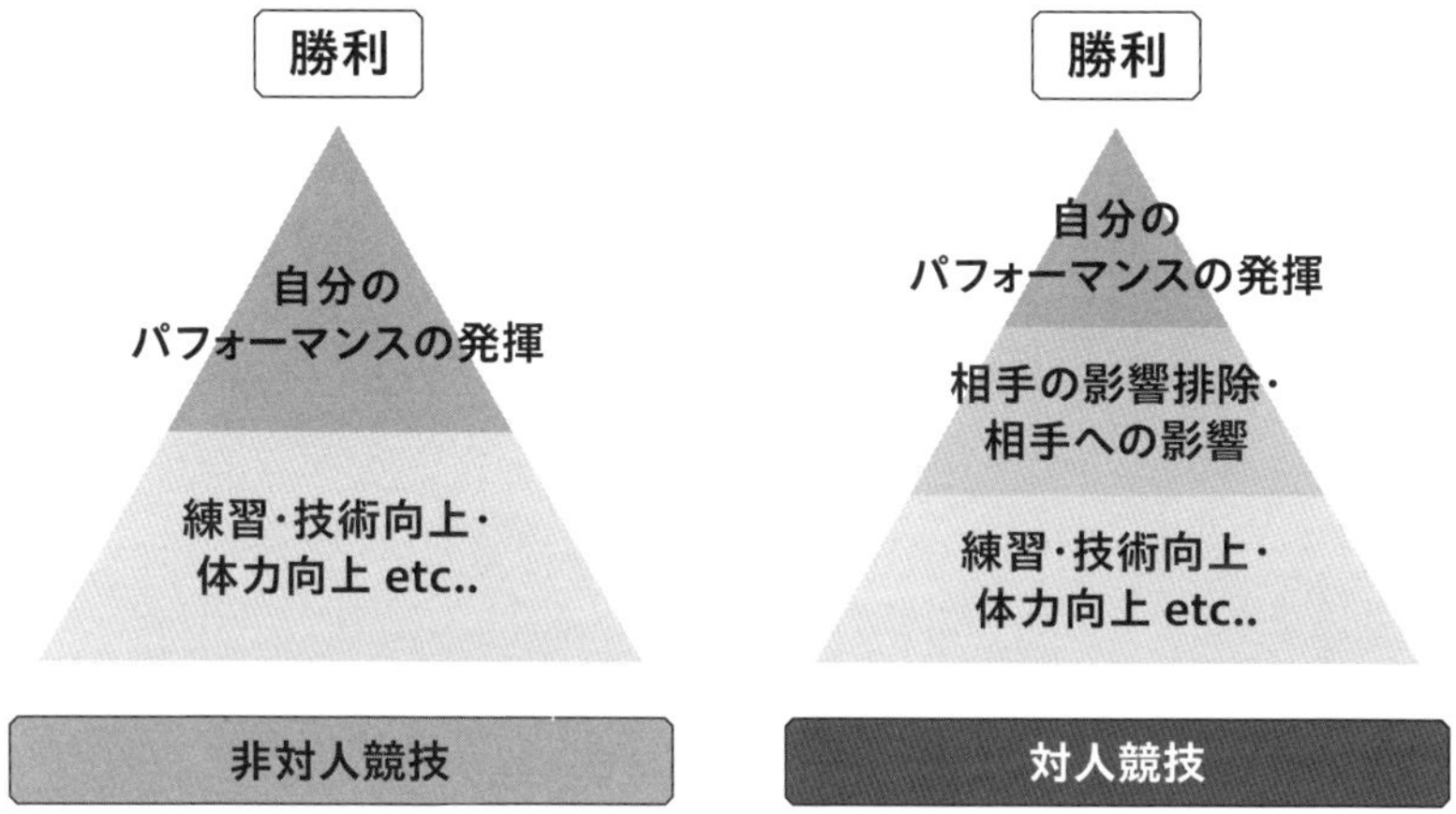

具体的な競技で理解を深めよう
——陸上のスプリント、サッカーのスプリント

ここでは非対人競技である短距離走（陸上のスプリント）と、対人競技であるサッカーのスプリントを比較し、同じ「スプリント」における両者の違いをさらに明確にしていきましょう。

両者の比較は競技構造を説明する際にも少し紹介しましたが、より詳細に解説していきます。前提として陸上スプリントは内的集中優位でも成立する、サッカースプリントは外的集中状態が必要ということは必ず押さえておいてください。【図16】

①陸上のスプリント（非対人競技・個人）

図 16 競技構造の違い

非対人競技 内的集中		対人競技 外的集中
陸上短距離(100M)		**サッカーのスプリント**
絶対に動かない	**ターゲット**	変動
より早くターゲットに到達することそのもの	**目的**	ゴールに結びつくこと
絶対にない	**方向転換**	ありえる
絶対にない	**妨害**	ありえる
必ず静止から始まる(姿勢は自己決定)	**動き出し**	様々な状態から始まる
絶対にない	**減速**	あり
絶対にない	**ボール操作**	ありえる

②サッカーのスプリント(対人競技・団体・直接)

スプリントの目的

①陸上のスプリント：ターゲットに早く到達すること

②サッカーのスプリント：味方および自分のゴールの確率を上げること

まず、そもそも走る目的からして異なります。陸上スプリントの目的はゴール地点により短い時間で到達することそのもの(つまりタイム)です。

サッカースプリントは、スペースでボールを受けたり、味方にスペースを作ったりするため、すなわちゴールの確率を高めるために走ります。

ターゲット

①陸上のスプリント：絶対に変化しない
②サッカーのスプリント：変化する

スプリントにおけるターゲットとは、「どこに向かって走るのか」という意味です。陸上スプリントでは、ゴール地点に向かいます。走る前に設定されたゴール地点は、途中で〝絶対に〟変わらないことが約束されています。

一方でサッカースプリントでは、ターゲットは目まぐるしく変化します。走る方向も距離も、ピッチ内の状況によって流動的に変化します。走っている間にも変化するため、走りながらも広範囲で情報を獲得する必要があり、顔は上がり、首を何度も左右に振る必要があります。つまり高速で走っている間も激しく変化する状況を把握し、ターゲットを自分で選択（判断）し続けながら走るのが特徴です。

サッカースプリントのトレーニングはこういった要素を必ず内包させた課題設定が必要となります。

スタート姿勢（動き出し）

①陸上のスプリント：いつも同じ
②サッカーのスプリント：自分で選択できない

続いて走り始める時の姿勢についてです。陸上スプリントでは、ほぼ全員がスターティングブロックを使用し、手を地面についた完全な静止状態でスタートします。つまりいつも同じ、自分がどんな姿勢でスタートするかがわかっているため、それに備えたトレーニングは比較的イメージしやすいと思います。

それに対してサッカースプリントでは同じ状況でスタートが切れる場面はほぼありません。軽く走っている状態から、横に移動している状態から、反対方向に走っている状態から、それらが組み合わさった状態から、など挙げればキリがありません。サッカースプリントのトレーニングではあらゆるパターンでのスタート練習が必要ということを表しています。

方向転換・急減速

①陸上のスプリント：絶対にない
②サッカーのスプリント：ありえる

陸上スプリントでは走るコースが事前に設定されているため、途中で方向転換をする必要は〝絶対に〟ありません。急激な減速が要求されることも〝絶対に〟ありません。むしろゴールした後も急減速せずに流して走りながら緩やかに減速する、というのがセオリーです。

陸上スプリントでここまで何度も登場してきた〝絶対に〟という言葉が、非対人競技の特徴をよく表しています。〝絶対〟が保証されていることが、内的集中が優位な状態（このように腕を振ろうなど）で動いてもパフォーマンスが成立する理由です。

サッカースプリントでは、当然そうはいきません。スプリントの最中に状況は目まぐるしく変化し、相手やボールの位置によって方向転換や急減速をしなければなりません。

たとえ陸上スプリントのように〝真っ直ぐ〟走っていても、「いつでも方向を変えられる・いつでも急減速できる」状態が必要なのです。

この違いは走り方そのものにも現れます。たとえば腕の振り方そして肩の動き。陸上スプリントでは、腕は縦振りで肩は大きく動くことなく、手の平の向きは常に変わりません。手の指も五本ともしっかり伸ばして開いた形が〝正しい〟フォームです。真っ直ぐ走ることに特化した非常にテクニカルな身体操作です。

一方でトップ選手のサッカースプリントでは、肩は前後にかなり動きます。それに伴う動きですが、手の平の動きは横を向いたり後ろに向いたりして〝スパイラル〟に振られます。手の指は少し曲がったパターンと組み合わさることでより肩の動きが引き出されます。このような腕振りと肩の動きのパッケージつまりパターンは、方向転換や急減速に有利に働きます。肩が動かなければ、運動を切り替える時に上半身が下半身に協力せず、脚だけで実行することになるからです。そのような動き方が下半身への大きな負荷となることは明白です。

そもそも、何も教わっていない子どもたちの走り方は、肩はしっかり動いて腕はスパイラルに振られるパターンです。つまり加速減速や方向転換に適した〝動物的な〟走り方が本来の人間の走り方として持っているものです。

しかしこれを「ブレている」と判断して「腕はこのように振る」と意識させ修正することは、真っ直ぐ走るのは得意だが、方向転換や急減速は苦手、というサッカー選手を生み出していく要因になりかねません。

もちろん、フィジカルブラックボックスによって非対人競技的なスプリントトレーニングをパフォーマンスに転移できる〝センスのある〟選手もいることは確かですが……。

ステップ幅

①陸上のスプリント：広いと有利
②サッカーのスプリント：広いと不利

一般的にスプリントでは脚の回転（地面を蹴る回数）が多く、ステップ幅が広いとスピードが上がるとされています。これも先ほどの腕振りと同様に、とにかく早くゴール地点に到達することが最優先事項となっている競技では正解です。

しかし、これまで繰り返してきたようにサッカースプリントにおいては、そういう訳にもいきません。サッカースプリントでステップ幅を広くしていくことは、方向転換や急減速、そしてボール操作ができない時間を増やしてしまいます。スプリントでなくとも、細かいステップワークと大きなステップワークを比較すると当たり前のことですね。それゆえサッカートップ選手たちは陸上スプリント選手と比べてステップ幅はかなり狭い傾向が強いです。

かといって「じゃあ細かいステップが身につくようにラダーやマーカーを使ったステップワークをしっかりやろう」と考えることには注意が必要です。これらは普通にやると非対人的になってしまいやすいからです。決められたステップ、そのために地面をしっかり見る、首を振る必要がない、これらはすべて「対人状態」とは乖離しています。
「対人状態」については、後ほど改めて解説します。

思考順序2 「基本」と「基礎」の考え方を確認

これまでの話の流れを踏まえると、一般的に考えられている**「上達のプロセス」**は本当に効率が良い、つまり有効なものなのでしょうか。

「基本を習得して」
　←できるようになったら
「技術を習得して」
　←できるようになったら
「対人競技のパフォーマンスを発揮して向上していきましょう」

（注）**基礎**：物事の土台（筋力など動作を生み出す機能）＝基礎機能
　　　基本：物事の軸（軸となる動作）＝基本動作

小・中・高などの部活、あるいは地域のスポーツチームレベルでは、おそらく（ほぼ）すべての練習カリキュラムがこの「上達のプロセス」に則って組み立てられていると思います。もう少し本格的に練習を行っているのであれば、そこに「身体を大きくする」などのトレーニングも含まれ、身体を鍛えてから（＝基礎機能をしっかり作ってから）動き方や技術を身につけるという流れになっていると思います。

そこでは「基本」を身につけていないと、「試合」では技術を発揮できない、裏を返すと基本となる動作さえ十全に理解できていれば、「試合」においても「自分のパフォーマンス」が発揮できる、といった考え方がベースにあると思います。

フィジカル領域においても、筋力などの基礎機能を強化するための身体づくりをしてから、身体の使い方を覚える、という段階が設定されているように思います。

もうお分かりかと思いますが、これらは**フィジカルブラックボックスを生み出す典型的な考え方**です。選手のセンス依存です。基礎機能・基本動作を活かすことができる選手、強化された身体をパフォーマンスに転移させることができる選手もいる一方で、そうではないたくさんの選手を生み出します。

こういった考え方の背景には、**武道でいう「型」の概念からの影響**、つまり肉体という基礎機能もしくは基本動作さえしっかりしていれば、あとは〝勝手〟に、または〝追い込まれる〟ことで、もしくは〝経験〟を積むことで、試合での応用力が磨かれていくだろうという姿勢があります。膨大な量の「基礎または基本」練習を積み重ねることで、その先の応用的なパフォーマンスが上がるという**「量質転化」**の考え方です。

非対人競技であれば、「型」的な基本動作がそのまま試合でのパフォーマンスに繋がりやすいのはこれまでみてきたとおりです。一方で対人競技では、応用の重要性と必要性が高いこと、特にサッカーのような複雑度の高い競技では、〝未知の状況〟でいかに最適な判断と動作ができるかがパフォーマンスの良し悪しを分けます。

このような対人競技における基本動作の位置付けは、本当に非対人的な状況下で繰り返されるものであっていいのかどうかを考えなければなりません。学習という観点から、基礎機能を高めるためのフィジカルトレーニングも同様です。

とはいえ、基礎や基本がないと、応用つまり試合でのパフォーマンス発揮はままならないという考え方は間違いなくそのとおりだと思います。

ここで問題にしたいのは、その「基礎・基本」の内容、もっというとそれらを向上したり、習得する際の状態です。

結論から先にいうと、**基礎機能や基本動作を対象とした取り組みは、一般的に内的集中状態になりやすいため、対人競技に即した状態を要求するようなタスク設定が必要**ということです。

前提として、スタート位置（選手のレベル）は確認しておかなければこの議論は成立しません。そもそもバットの持ち方もわからない選手にいきなり「飛んでくるボール」をバットの芯で捉えることを要求しても、もちろん学習は進みにくいといえます。よって、この段階の選手においては、一般的な位置付けでの基本動作の習得は不可欠です。

問題となるのは、「非対人状態で身につけた基本動作がパフォーマンス向上に効率よく結びつくのか」、という部分です。

基本動作と試合でのパフォーマンスの関係におけるギャップという観点で典型的なのが、コーンドリルやリフティングはめちゃくちゃ上手いけれど、試合では〝その技術〟が発揮されないケース。対人競技の試合は、これまで繰り返してきたとおり、強烈に外的集中が要求されます。内的集中状態とまではいえないが、外的集中としてはかなり不十分な状態、たとえばボールやコーン〝だけ〟をしっかり見ながら身につけた基本動作は、試合での技術には転移しにくいのです。

こういう理由から、結果としてやっている基本練習の外見は同じだとしても、対人競技の基本動作には、初期設定として外的集中状態も含むことが必要です。外的集中にも「基礎と基本」があり、たとえばそれは一点凝視しないことです。ボールやコーンをしっかり見ながら動くのではなく、ある程度ぼんやり見ながら動くのです。首を振るなどの広い視野の獲得は、その先の段階です（この部分は第2章で解説した「目の使い方」とも関連が深いです）。

具体的には、一人でドリブル練習をするときであれば、初めからボールをなるべく見ずに扱うように要求します。「ボールの扱いに慣れてきたら」ではないところが重要です。「そもそもサッカーはそういうものだから」を知らなければならないからであり、つまりこれまでとは「上手くできている」の基準設定が異なります。

その上で、もし全然できなければ、少しだけボールを見ながら、など「外的集中の負荷」を徐々に下げていくのが対人競技での「基本」の扱い方です。

思考順序3 トレーニングにおける対人状態を確認

ここからは、もう少し対人競技でのトレーニングの条件設定を細かく見ていきましょう。「対人競技に有効なトレーニングである」といえるためには、しっかりと条件設定を行う必要があります。

条件設定の前提として、対人競技においてパフォーマンスを発揮するのに適した状態のことを**「対人状態」**と呼びます。対人競技のためのトレーニングは、対人状態でやれる、もしくは対人状態が引き出されるものでなくてはなりません。

外的集中状態でのトレーニングという表現との関係がややこしく感じるかもしれませんので、少し整理します。

外的集中状態

相手選手やボールの動きなど、主に自分の外側にある環境の状況情報を取得し、把握する状態のこと。対比するものとして、主に筋肉の収縮感覚や関節の動きなどに意識を向けてその情報を知覚することを優先した内的集中状態がある。パフォーマンス向上および発揮には両者ともに重要だが、意識の向け方によりどちらが優位になるかが変化し、パフォーマンスに影響を与える。

対人状態

外的集中だけでは「相手への影響・相手からの影響排除」が可能となることを意味するわけではないため、相手との影響・被影響も含めて、外的集中で得た情報を即座に判断や動作に変換できる身体の状態（構えやバランス）を保つ必要がある。その状態を端的に表現するのが「対人状態」である。

対人競技に取り組む選手においては、競技練習だけでなくフィジカル領域でのトレーニングにおいても対人状態を保持する、もしくはその状態に向かうベクトル上にあることが望ましい。優秀な選手ほど、特に設定がなくても対人状態で実施できる。

対人状態の典型例

1：ぶつかる・曲がる・止まる・道具（ボール）の操作を前提とした「状態」で動く（走る）

2：次の動きを迅速に実行することを前提とした「状態」でぶつかる・曲がる・止まる・道具（ボール）の操作をする

対人状態を作るためのトレーニング設定

以上を踏まえ、対人状態を作るためのトレーニング設定を、いくつかの代表的な動作を例にとって紹介します。対人競技の中でも特に対人状態の重要度が高い、サッカーやバスケットボール、ラグビーなど直接対人競技をイメージしながら読み進めてください。【図17】

ストップ動作

「しっかり加速し、急減速して止まる動作」がターゲット。

その際、止まった時の状態を設定します。対人競技において走っている状態から急激に止まる目的は、「止まること」そのものではなく、止まってボールを受けたり、シュートしたり、すぐにまた動き始めたりするなど、止まることでボールや相手との関係を有利にするための手段です。

そのため、止まった時に以下のポイントがクリアできていることを要求します。

・腰を落とさない（踏ん張らない）こと
・広い視野（顔が上がっている・首を振ることができる）を保つこと
・上半身が力んでいない（自由な動きが保持できている）こと
・足が揃っていない（前後に開いている）こと

これらを満たす設定が必要です。自然に動きが引き出されるようなタスク設定が望ましいです。

一例を挙げると、止まる地点にポールを設置し、そのポールの上部、選手の顔の高さぐらいの位置にテープなどでマーキングしておきます。止まる際にそこにタッチし、そこから反転など次の動作を行うようにタスク設定するなどです。他にもやり方はたくさんあると思いますが、どんな方法であってもクリアポイントを外さないことが重要です。

地面に引いたラインでピタッと止まるようなパターンは、まず腰と視線が下がりやすく、ピタッと止まろうと指示することで踏ん張り動作が引き起こされ、そもそも止まることが目的化しやすくなるので、対人競技でのストップ動作とは乖離が起こりやすくなります。

図 17 対人状態のチェック指標(例)

対人状態 重点的チェック指標

首の自由度

■いつでも外部情報が収集できる状態が保持できているか
■ボディバランスが高い状態が保持できているか

視野

■外部情報が広く正確に収集できる状態が保持できているか
■視覚情報が運動へと迅速に繋がる“観の目”ができているか

ステップ幅

■外部情報に対して迅速に移動できる状態が保持できているか
■外部情報に対していつでも方向転換できる状態が保持できているか

腕の振り方

■外部情報に対していつでも加減速･方向転換できる状態が保持できているか
■“協力者”としての機能が保持できているか

仕事部位の振り方

■加速フェーズに入るまでの予備動作が“分かりやすく”なっていないか
■トップパワーに到達するまでの時間の迅速さ

動き出し

「進行方向を設定し、その方向に急加速する動作」がターゲット。
その際に要求すべき状態は以下のとおりです。

・動き出す前はどの方向にも動ける状態であること
・動き出す前から動き出す際にかけて視野を広く保つこと

このあたりはもう十分理解されていると思いますが、より実践的には「相手の反応」という要素を加味する必要があります。ゆえに「予備動作を極限まで削減する」という、動き出しにおいて最重要といっても過言ではない項目が加わります。

予備動作とは、動き出すと意思決定した瞬間から実際に動き出すまでの時間を指します。対人競技において「速い」と表現される選手は、この時間が非常に短いのです。そのため、「早い」とも表現されます。

予備動作が削減できているか否かの指標は以下のとおりです。

・相手から動き出しのタイミングが察知されにくくなること
・相手から動き出しの方向が察知されにくくなること

動作のポイントは、少し「落下」すること。低くなる（腰を落とす）ではなく、落下です。しゃがんでしまうほどの落下ではなく、ほんの少しだけスッと抜くような動きです。〝早い〟相手選手からこういう印象を受けたことがある人も多いはずです。早い選手は、動き出す瞬間に小さな落下を利用しているのです。

落下という現象は、言い換えると位置エネルギーから運動エネルギーへの変換です。動き出しは、強く地面を蹴る（筋力）よりも位置‐運動エネルギーの変換を利用することで大きな推進力を発生させます。予備動作が非常に少ないこのような動作パターンは、相手からはそのタイミングは察知されづらく、直接対人競技における「相手を外す」などに有効に作用します。

強く地面を蹴ることでも動き出せますが、強く蹴ることは踏ん張りとかなり近い関係にあり、踏ん張っている時間（＝予備動作）は動き出すまでの時間の遅延を意味します。そして動き出す方向も簡単にわかってしまいます。対人競技にはデメリットが多い動作パターンです。落下を使う選手も地面は蹴っていますが、そこへの依存度が低く、そのため踏ん張りによる動作遅延が少ないのです。

もちろん落下だけでは移動できないため、落下で得たエネルギーを進行方向へと変換しなければなりません。そのためには、足だけを後ろに少しずらして自分の後方に支点を形成します。ずらすのは足だけ、頭は一緒に後ろには動かないように。

このような「支点ずらし＋落下」の身体操作を**「落下トリガー」**と呼んでいます。

動き出しの早さ向上をターゲットとしたトレーニングにおいては、これらの条件を満たす設定が求められます。例としては、動き出しの方向を設定せず、四方八方へと動き出せる状態、動き出す際には主に視覚的な判断を要求するもの、そしてその際の落下トリガーの採用です。

落下トリガーを習得していくためのトレーニングは後ほどご紹介します（二七七頁参照）。

スプリント

「動き出しに続いてそのまま走り続ける動作」がターゲット。

対人競技におけるスプリントに関しては、陸上スプリントとサッカースプリントの比較部分ですでに大半を提示していますので、ここではトレーニングの設定例をご紹介します。

ポイントは動き出しと組み合わせることです。非常に優れた運動学習理論であるエコロジカルアプローチでは**「動作知覚カップリング」**と表現されます。対人競技では動くタイミングや方向は外的要因に依存します。つまりボールの位置やスペース、相手の状態を知覚すること（外的集中）が、動き出しやそこからスプリントに移行するのか、それとも別の動作に切り替えるのかの判断材料になります。そして動くことでさらに他の情報を知覚し、それがまた動作に影響を与えるというサイクルが繰り返されます。既出の対人状態もこれに該当します。

トレーニングをパフォーマンスに転移させる効率を高めるためには、この動作知覚カップリングを単純な動作においても保持させることが必要とされます。それを崩してバラバラにしてしまう、つまり何も知覚せずに走るような方法を「分解」、カップリングを保持したままで動作をシンプルにすることを「単純化」と明確に区別します。もちろん、対人競技のトレーニングでやるべきことは、後者です。

このことはスプリントだけでなく、すべてのトレーニングに適応されます。スプリントトレーニングの設定例としては、走っている最中に首を振る（知覚）、何かに触れたり何かを持ったりするなど腕の動きを要求または制約する、走っている最中に方向転換や急減速が必要な障害物を設置する、などがあります。

⬇コンタクト

「相手にぶつかる、またはぶつかられる動作」がターゲット。

まずコンタクトの目的を整理しておくと、相手と接触することによって「相手のパフォーマンスを妨害・または相手の妨害を排除すること」となります。そのため、コンタクトの良し悪しおよび成否はコンタクト後に決まります。しっかり当たっても相手のパフォーマンスが問題なく発揮されてしまえば、そのコンタクトは失敗です。

直接対人競技において、コンタクトを課題として抱える選手は多いですが、その原因を「体格」としてしまうとコンタクトのパフォーマンスは上がりにくいです。

もし体格差だけでコンタクトの勝敗が決まってしまうのなら、コンタクト動作を練習する重要度は低くなり、ただひたすら体格・体重を追いかけるだけになってしまいます。

もちろん、超越できない体格差はありますが、対応可能な体格差の範囲を広げることはコンタクトトレーニングの重要な意義です。

こういう前提において、コンタクトトレーニングでの設定は以下のようになります。

・広い視野を保つ（顔が上がっている）こと

・高重心を保つ（腰を落とさない）こと

二点とも、低重心族が持つ反応を回避するために必要な設定であり、これらはコンタクト後の動きに大きく影響します。

視野の方は当たり前に思われるかもしれませんが、低重心族が高重心競技をやっているという構図においては、コンタクト時に顔が下がり、視野が狭まりやすいことと、重心が下がってしまう反応が同時に起こりやすいことを考慮しなければなりません。走行中など移動中でのコンタクトは不安定かつ強い力の発揮が要求されるため、こういった反応は非常に誘発されやすいからです。

加えてあらゆる競技で使用される「腰を落とせ」という指導も同様の作用を持ち、特にコンタクト時はとにかく腰を落とせという〝相撲的〟なコンタクトが要求されます。

しかしサッカーのような高重心の直接対人競技においては、このようなコンタクト動作では特にコンタクト後の動きに遅延が生じやすく、ネガティブな影響が出やすくなります。

では広い視野と高重心を保持、つまり高重心の対人競技に即したコンタクト動作はどういったものかというと、有効なのは**後ろ脇あたり、脇腹の高い位置でぶつかる**ことです。

腰や脇腹全体などで当たろうとすると腰が落ちやすく、重心が落ちた安定感は得られますが、

写真 スライドポイント

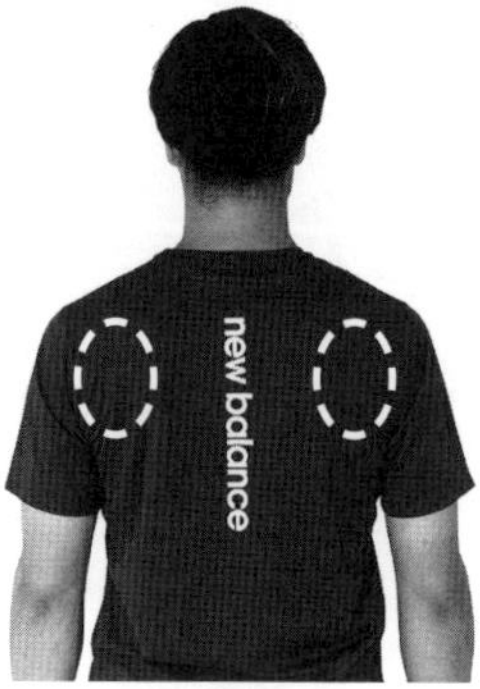

高重心かつスライドポイントでの
コンタクト

腰を落として踏ん張る
コンタクト

コンタクトにおける重要な力である「水平（相手）方向」への力が小さくなります。後ろ脇という高い位置で当たると、高重心や広い視野はもちろんのこと、水平方向に発揮される力に加えて、地面から得られる力も同一ベクトル上に集約しやすくなるため、相手に加える（影響を与える）ことのできる力は、〝体格〟以上のものになります。

いくつかの条件を満たす必要はありますが、この「後ろ脇あたり」を**「スライドポイント」**と呼びます。

スライドポイントを操る動作パターンは、コンタクト以外にも非常に重要なので、後ほど改めて解説します（二四一頁と二六三頁からのトレーニングを参照）。

バランストレーニング

不安定な状況において姿勢を保持する動作がターゲット。重心の乱れに対してバランスを保持する上で要求すべき状態は次のとおりです。

- **高重心を保つ（腰を落とさない）こと**
- **上半身が力んでいない（自由な動きが保持できている）こと**
- **広い視野（顔が上がっている・首を振ることができる）を保つこと**

・バランスを崩すことを利用できること
・リロードできること

はじめの三つはこれまでと同じ理由です。私たち低重心族がサッカーなど高重心競技に取り組むときに反射的に腰を落としてしまう典型的な場面が、不安定さを感じた時です。

どっしり安定が〝望ましい〟状態だという身体感覚を持っている低重心族は、不安定さを感じた瞬間にほぼ無意識に重心を低くして安定感を取り戻そうとすることはこれまで説明したとおりです。

バランストレーニングの最大のポイントはこの部分です。片脚立ちなどでバランスを保とうとする際、腰を落とし、上半身の動きを小さくし、地面を見るようなパターンでいくら姿勢が保持できたとしても、それではパフォーマンスへの転移は期待できないばかりか、むしろマイナスの学習へと進んでしまいかねないほど大きな違いがあります。

四つ目の「バランスを崩すことを利用できること」というポイントは、**「不安定を使いこなす」**とも言い換えることができます。不安定さを感じた時に重心を低くして安定を取り戻そうとするスタイルは相撲や柔道など低重心競技では有効な反応です。それに対して高重心競技では、不安定＝動くためのエネルギーを持っている状態、要するに「利用できる状態」です。

動き出しやコンタクトなどではむしろ自分から大きく全身を傾け、不安定＝大きなエネルギーを持っている状態を生み出すことで自分の発揮できるパワーを増強しています。

ここで挙げているポイントは、そのために必要な状態ともいえます。

注意しておくべきことは、私たちは無意識に「不安定＝良くないもの、もしくは失敗」と考えてしまっていることです。

それゆえ、バランストレーニングではバランスが崩れないことを最優先しなければならないと、選手自身が勝手に考えてしまっているのです。そういった暗黙の了解が上半身の動きを小さくしたり腰を落としたりという反応を誘発している側面もあるので、バランストレーニングでは「バランスを崩してもよい」「それよりも高重心と視野と上半身の動きを優先せよ」という明確な指示が必要です。

五つ目のポイントである「リロード」は、対人競技におけるバランス能力に必ず加えておくべきものです。

あまり聞き慣れない言葉かもしれませんので、少し解説します。

リロードとは

簡単に表現すると、**「バランスが崩れた状態からすぐに立ち直る」**ことです。「正しいフォーム・正しい走り方・正しい姿勢」などの表現はトレーニングや競技動作においてよく使われますが、対人競技においてはこの考え方ではかなり不十分です。

なぜなら、**対人競技は「崩し合い」**だからです。いかに相手の動きを妨害できるか、逆に相手からの妨害を無効化できるかというやり取りがゲーム中ずっと続きます。

サッカーの試合において、バランスを崩してしまって転んだことがない選手や、フェイントで体勢を崩されたことがない選手なんていません。つまりそもそも「崩れた状態」を内包する競技構造であり、そういう意味で「正しい動き」の練習だけでは不十分なのです。

ということは、いかに早く、「崩される」＝「動きの選択肢が少ない状態」から戻ってこられるか（＝リロード）ということが、対人競技における必須の動作能力であり、れっきとしたトレーニングの対象です。

つまり、バランストレーニングでギリギリのバランスにチャレンジした結果、崩れてしまった瞬間にできるだけ素早く姿勢を立て直すまでをバランストレーニングと位置付ける必要があるのです。

それにも関わらず、バランストレーニングを行っている多くの場面では、バランスが崩れたら一旦終わり。そこから再びやり直すという「仕切り直し」スタイルが採用されています。

リロード系の能力を高めることと、高重心を獲得することはつながっています。

我々が瀬戸際でつい踏ん張ってしまうのも、低重心的な欲求からで、つまりは「崩されたくない」という思考が生み出した動きなのです。

それゆえ、リロード能力の向上により「崩されてもすぐに戻れるから問題ない」という思考を獲得することが、高重心の競技に対応するために欠かせない条件となります。

リロード動作そのものを鍛える、自分の動作パターンとして獲得しておくことは、怪我の防止にも役立ちます。

怪我は崩れたり、崩れそうになった状態から無理やり動こうとして起きるケースが多いからです。

第5章では、対人競技に特有の三つの身体操作スキルをご紹介します。

どちらも「相手に影響を与える・相手の影響を排除する」ために非常に有効な身体操作スキルです。

5

対人競技特有の身体操作スキル

本章の内容に進む前に、あらためて身体操作という言葉の定義について説明させてください。身体操作とは、一般的には「身体の使い方」という意味で扱われていると思いますが、本書では**「競技構造および競技動作構造と影響関係にある、もしくはそれらが前提となっている動作パターン」**という位置付けで扱います。

この定義がなぜ必要かというと、仮に外見的にはその競技動作と異なる場合でもしっかりと関連があるという論理的な一貫性を保障すべきだからです。パフォーマンス向上を目的としたトレーニングの場合、動作パターンの学習という機能が内包されていることが必要であるため、単に「身体を思いどおりに扱う」という機能だけでは不十分だからです。

ややこしければ、身体の使い方的な理解でも問題なく理解は進みますので、現段階ではそういう位置付けでも大丈夫です。

ただ、世の中に〝身体の使い方トレーニング〟はたくさん存在しますので、それが本当にパフォーマンス向上につながるのかを判別するために、こういった定義は覚えておくことをお勧めします。

これらを前提とし、対人競技に特有の三つの身体操作スキルをご紹介します。

どれも「相手に影響を与える・相手の影響を排除する」ための身体操作スキルです。

対人身体操作スキル1
封力

まず勝つために基礎となる筋肉をつけ、身体を大きくして、それから技術を身につけよう、という発想がなぜ多くの人に採用されてきたかというと、とにかくわかりやすくてイメージしやすいからです。大きいものが小さいものに勝つ。力が強いものが弱いものに勝つ。そんな単純な構図は誰にでも馴染みのあるものだからです。

しかし一方で、我々は小柄な選手が大きい選手を凌駕する時の熱狂も経験してきました。なぜ熱狂するかというと、それは簡単ではないからであり、普通の動作パターンでは経験できないがゆえに、〝普通じゃない何か〟が加わらないと起こり得ないと思っているからです。

この〝普通じゃない何か〟の一つが、**「封力」**です。

「封力」とは**「相手の持つ力を発揮させせない」身体操作**のことを意味します。**【図18】**

封力は「仮に自分の力が相手と同じくらい、あるいは自分の方が劣っていても、相手に十全な力を発揮させせなければ、勝つことができる」という考え方です。

フィジカル要素が勝敗に占める割合が非常に大きい相撲などで、小柄な側が勝つ際に相手を崩す下支え的な存在となっているのが、この封力という身体操作スキルです。

かつて「無差別級」というクラスが柔道において多く行われていました。そこで戦う人においては「相手の力を発揮させせない」ための身体操作の習得は不可欠でした。

現在、無差別級を取り入れている競技はかなり限られていると思います。先のようなフィジカルの観点からすると、体重や体格と力の大きさには相関があるから、フェアじゃないと考えられているからでしょう。軽く・小さく・非力なものは、重く・大きく・力強いものには勝てないという〝当たり前〟の理由です。

実際、現在の多くの競技では、体重別でランクが決められているため、なかなか「相手の力を発揮させせない」戦術や技術が発達しにくい側面はあります。

図 18 封力の構造

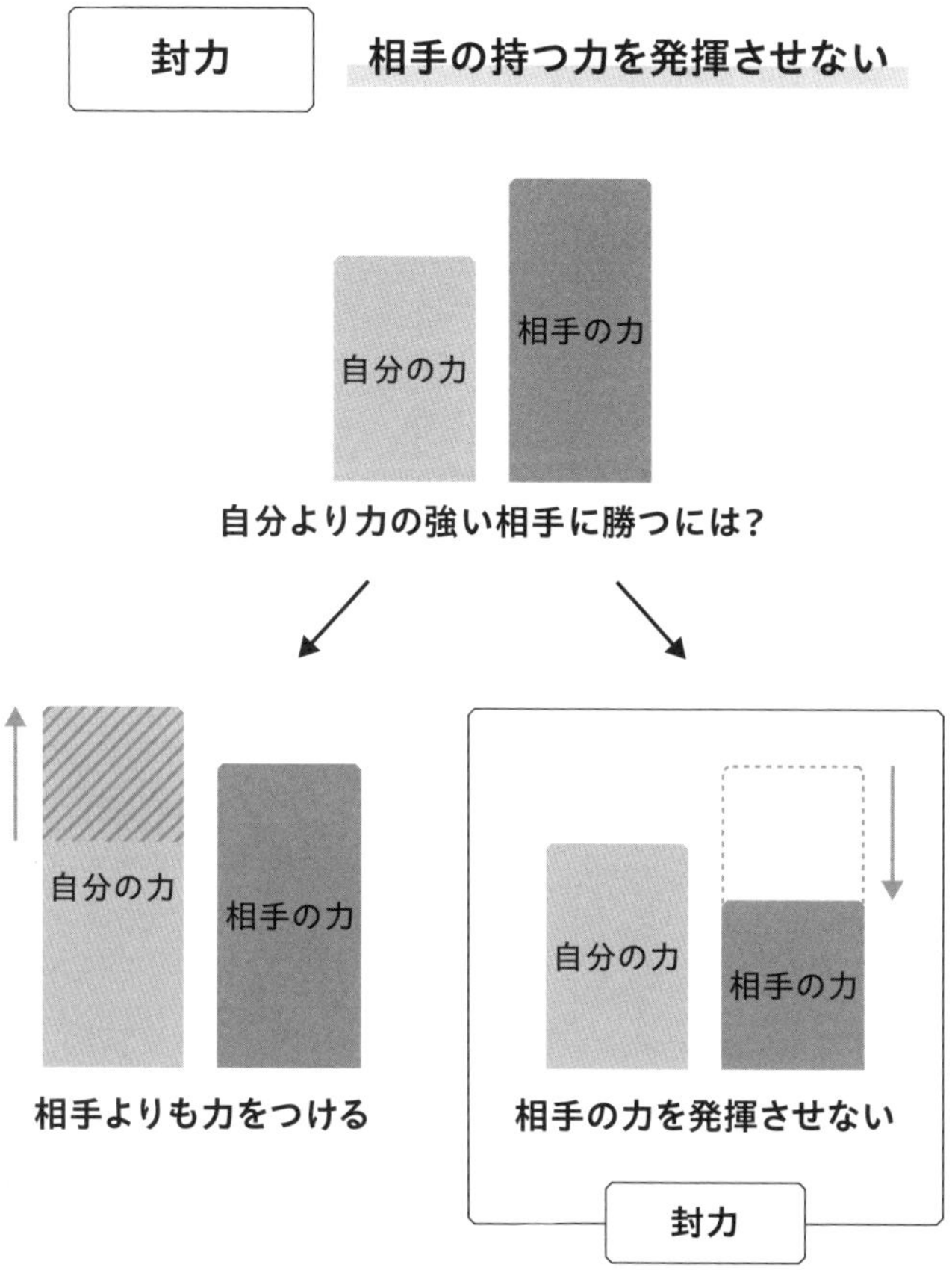

人間の特性

■硬い対象には力が発揮しやすい／柔らかい対象には力を発揮しにくい

■力の源（支点）を認識できなければ力を発揮しにくい｜支点揺動

しかし、サッカーやラグビーのような多くの直接対人競技は——つまるところ「無差別級」です。

そのため、どんな相手にも高いパフォーマンスを発揮し続けるためには「相手の力を発揮させない」という発想が、絶対的に必要になってくるのです。

主に封力を習得するためのトレーニング体系を**「エクスコーディネーション」**と呼んでおり、「外からの力に対して、対応（利用または無力化）する身体操作」を取り扱います。

相手から加わる力を受け流す身体操作である**「イナシ」**もその一つで、封力の典型パターンです。完全にいなせると、相手の力を無効にすることができます。

たとえばサッカーで、相手が後ろから肩をつかんでぐっと引っ張ってきた（前に入ろうとするなど）場面では自分の力の方が強くて、振り切ったり、相手の力に耐えることができるのであれば、問題にはなりません。

しかし、相手の力に耐えられなければそのまま前に入られてしまう可能性が高まります。そういった局面はこれらの競技では頻発するため、ここでパフォーマンス発揮が妨害されっぱなしになったり、体力を奪われてしまうことは重大な意味を持ちます。

イナシは相手が加えてくる力に対して、力で対抗するのではなく、力を抜いて相手の力のべ

抵抗せずに肩を後ろにずらす

写真 イナシ

肩をつかまれたら

抵抗せずに肩を後ろにずらす

NG NG例 踏ん張ってはいけない

NG NG例 相手の力に身体の姿勢を崩してもいけない

クトルをずらして無効化することを目的とします。
暖簾《のれん》に腕押しということわざがありますが、まさに身体で暖簾状態をつくり、相手の力を受け流してしまおう、ということです。

この概念は武術的で（実際に居合の業などに「受け流し」という名がついたものもある）、海外にはこれを獲得するためのトレーニング体系は存在しません（なので海外での指導では「INASHI」というトレーニング名でその概念とともに伝えています）。

しかし特に直接対人競技においてトップレベルで活躍する小柄な選手はイナシを武器に相手の力を封じることができています。サッカーのリオネル・メッシ選手やラグビーのシェーン・ウィリアムス選手などはその代表格です。

これらの選手に対しては触れることができても力を十分に伝えることができないため、ファウルで倒そうと思っても簡単には倒すことができません。

力を抜くことが上手い選手は教わらなくてもできている（センス）と考えることもできますが、封力を身につけたから生き残ることができたともいえます。

イナシを行うには、外力が自分に加わってきた時に、脱力により力の方向をずらす必要があります。なので、避けるとは異なります。

自分に加わった外力は、身体を固めているとそのまま受けてしまうため、どんなに力んだり、固めたりしても、それより大きい外力が加えられると崩れてしまいます。

封力の一部であるイナシには、たくさんの種類とそのためのトレーニングがありますが、中でも単純なパターンで一例を挙げると、肩を後ろから引っ張られた際に、引っ張られる力に抵抗せずに肩を後ろにずらしてもらう、というものがあります。**【写真「イナシ」右上】**自分で動かすのではなく、動かしてもらう感覚です。

「それだと普通に外力に負けてるんじゃないか」と思われるかもしれませんが、違いは顔の向きと重心位置です。肩が後ろにずらされても、顔は進行方向のまま、重心位置も影響を受けずに保持するのがポイントです。そして肩と一緒に胸も回旋します。そうすることで相手からすると「肩透かし」状態となる関係を生み出すことができます。

封力全般に話を戻すと、封力は、そのメカニズムにおいて**「人間の特性」**を利用しています。人間の特性の一つとして、**硬い対象には力が発揮しやすく、柔らかい対象に対して力を発揮しにくい**というものがあります。

また、**押し合いになっても、力の支点がわからなければ、力を発揮しにくい**という特性もあります。

相撲の押し合いなどでも、「支点を作らない」という技術が頻繁に使われています。相手が感知して、その支点を押してくる場合、その支点を抜いて、別の支点から（違う角度から）押す、というものです。

これを「支点揺動《してんようどう》」と呼んだりもします。

いずれにしても、**真正面からのぶつかり合いはせず、「抜く」こと**を上手く活用するのが封力です。力に対してより強い力で対処しようというスタイルももちろん不可欠ですが、対人戦略の一つに封力を加えることは必ず有利に働くはずです。

対人身体操作スキル2
キレのある動き

フィジカル原則2の「言葉を定義する」を思い出していただきたいのですが、キレのある動きを身につけるためには、「キレとは」をまず定義しなくては必要な要素が見えてきません。

では、その「キレ」とは一体何を指すものなのでしょうか。トレーニングでも試合でも、さまざまなシーンで使われる表現ですが、きちんと言語化するとなると案外と説明が難しいものです。

動きのキレを上げたいと考える選手は多いですが、「動きのキレ」と「動きの速さ」の違いは何でしょうか？

図 19 キレの構造

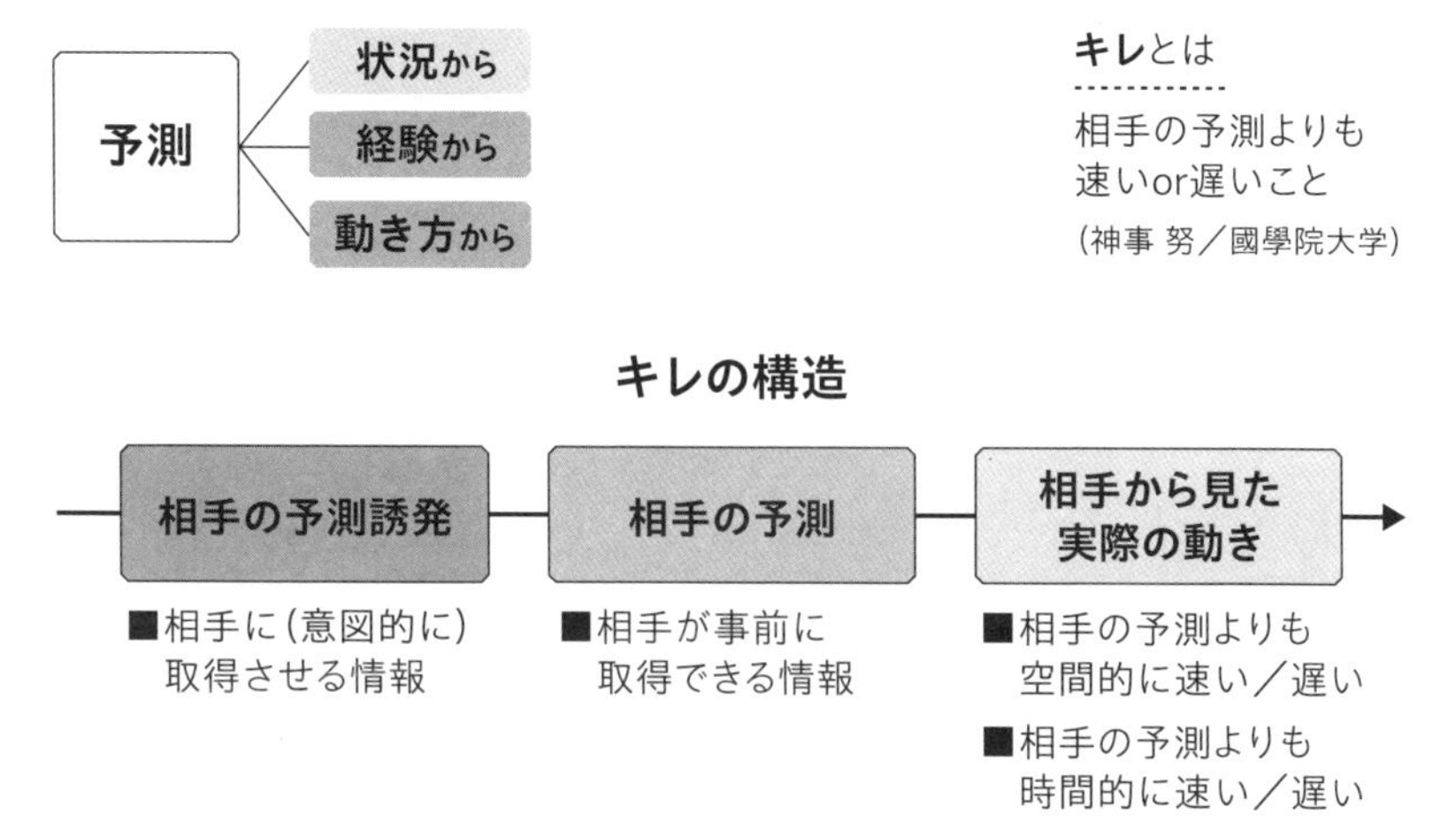

こうしたスタート地点の質問に対しても説明ができなければ、「キレを上げるためのトレーニング」に取り組むことは本来できないはずです。

キレとは、**「相手の予測よりも、速い、もしくは遅い」**ことです。【図19】

相手の予測が前提となるため、キレは相手が感じるものです。

相手の予測における、特に「経験からくる予測」および「動き方による予測」を逆手に取ることで生まれるものです。裏を返すと、**相手の予測がなければキレは存在できません。**

相手の予測を逆手に取ればよいので、それよりも「速い」か「遅い」ならば、相手の予測にエラーが起きます。そうしたエラーを起こさせることがキレを使った戦略になる、ということです。

野球のピッチャーが軽く投げているように見えるのに（投球フォームから球速の予測が生じる）、〝思っていたよりも〟速いボールが来た時にバッターが振り遅れるのが、「バッターがキレを感じる」現象です。ものすごく速い直球を投げているわけではないのに、バッターがどんどん空振りするようなパフォーマンスを指して「キレのあるボール」と評されたりするわけです。身体の動きではありませんが、キレとはこういう概念です。

「予測より遅い」という部分については、同じく野球だとチェンジアップという球種が該当します。高速で腕を振っているにも関わらず（相手が速いボールを予測）、遅いボールが投げられてバッターのスイングが崩れる現象も、キレの一種です。

ここからいえることは、対人競技をされている方はもう感覚的に理解されていると思いますが、キレを使いこなせることは、ピッチャーであれば相手バッターに本来のスイングをさせないことに繋がり、サッカーのFWであれば相手DFが反応できないことに繋がります。

つまり「相手のパフォーマンス」を発揮させないために非常に有効な、活躍するためには不可欠な能力です。キレと速さが混同されやすい理由は、速い方が予測を早いタイミングで行わなければならず、動作の決定もその分早いタイミングで要求されるため、予測と実際の間にギャップが生じやすいからです。

これらを考慮すると、キレを身につけるためには、速さそのものを高めることが有効であることは確かです。逆に予測のしやすい速さは、動作であってもボールであっても、キレを感じさせることはできません。

「キレ」を成立させるには？

相手にキレを感じさせるには、相手がこちらの動きを予測していることが前提です。そこでの予測が正確であればあるほど、相手にとっては「予想どおりの動き」となり、いくら速くても対応されやすくなってしまいます。

球速は一五〇キロ後半も出ているのに打たれてしまうピッチャーがいる理由は、投球動作から予測できる球速が、ほぼ予測どおりだからです。いくら緩急をつけても、予測されれば結果は同じです。

トップレベルの打者やＤＦなど、優れた対応ができる選手は、予測能力が高い選手と言い換えることもできるはずです。

ここまでを踏まえ、キレを成立させる条件をまとめます。理解しやすくするために、「予測よりも速い」と感じさせる状況に絞ります。

「キレ」の成立条件1：予測エラーを誘発する

ポイントは、「予測させない」ではなく、「予測させる」というところです。つまり意図的に情報を与えることで、誤った予測を誘発するのです。

サッカーのフェイントが上手い選手は相手にキレを感じさせます。それは右に行くという動きを見せることで、「予測をさせている」からであり、それを防ぐという判断をさせているからです。その上で左に急激に切り返せないと相手を抜くことはできませんが、予測させた後のフェーズは後ほど解説します。

人間は、予測しようと思っていなくても、動く対象を捉えようとする時には予測します。相手の右に行くぞという動作を目にした時、実際に右に行くのではないかvsフェイントではないか、そのどちらの予測を信用するかを迫られます。そのため本当に右へ行くと思わせられる〝確信〟を相手に与えられることができればフェイントは成功します。それゆえ、動作だけでなく視線などの情報も予測エラーを誘発させるためには有効です。

図20 予測エラーを誘発させる

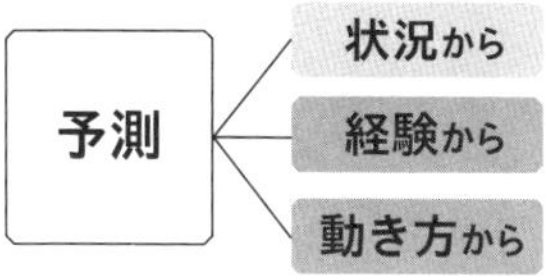

相手の予測誘発

■相手に意図的に取得させる情報

力感のなさ
経験からの予測エラー誘発
例）動き出し時の落下

事前の緩急
動き方からの予測エラー誘発

急減速できることを予測させる
経験からの予測エラー誘発

予測エラーを誘発させるために、身体操作の側面から主に有効となる要素は次の三つです。【図20】

- **力感のなさ**
- **事前の緩急**
- **急減速できることを予測させる**

力感のなさ

力感とは、たとえばボールを投げる時に腕や体幹などに力を入れると思いますが、この時の力を入れている感覚のことです。予測という観点からは、相手のレベルが上がれば上がるほどこの力感を読み取られやすくなります。だから速いボールを投げようとするとその力感が伝わって予測されやすくなるのです。

「力感がない」とは、簡単に表現すると力みなく大きな力を出せるということですが、このことは相手にとって予測エラーを引き起こしやすい情報となります。通常であれば力感をもって生み出されるエネルギーと同等のエネルギーを、**「予測外」**のものを使って生み出すことを意味します。

「予測外」のものとは、大きく分けて三つあります。

一つ目は、**「予測対象と異なる部位」を使う**こと。通常では速く動き出そうとする際にはその分だけ地面を強く蹴るため、動き出しの速さは脚部の動作（予測対象）における力感から予測します。それに対して、たとえば腕振りや上半身の傾きなどを利用して推進力を生み出す割合が高ければ、「あんなに軽く地面を蹴ったはずなのに」という感覚を与えます。

二つ目は、**伸張反射を使う**こと。伸張反射とは、筋肉が急激に伸ばされたことで直後に急激に収縮する（力が発生する）現象です。伸張反射は通常の収縮よりも大きな力が生じる、再現性が高いなど、パフォーマンスにおけるメリットがたくさん得られるため、多くのトップ選手たちが活用しています。伸張反射を利用した出力は、力まずに大きな力を発揮する、すなわち力感のなさを獲得するための必須条件です。

三つ目は、**重力を使う**こと。もう少し掘り下げると、重力による落下を利用することです。対人競技の思考順序3・【動き出し】（一一八頁）にて解説した「落下トリガー」を指します。急激に脱力することで重力による落下が起こり、そこで生じた運動エネルギーを利用します。

こちらも自分で出す力ではないので、利用できるようになることで力感をなくすことに繋がります。

どれも、単なるリラックスだけで使いこなせるものではありませんが、リラックスしていないと習得できないものではありますので、まずはとにかく無駄な力みを抜くことに重点的に取り組んでください。

事前の緩急

ゆっくりした動きを見せておいて、急激に速く動くというように、動きそのものに緩急をつけるということです。

一番シンプルなパターンとしては、野球のピッチャーが非常に遅いカーブを何度もバッターに見せておいてから、ズバッと速球を投げ込むパターン。

少し昔の選手ですが、阪急ブレーブスやオリックスブルーウェーブ（現在のバファローズ）などで活躍した星野伸之投手は、このパターンを武器にして一一年連続で二桁勝利を挙げました。星野投手の直球の平均速度は一三〇キロ台で、普通のプロ野球投手であればやや遅めの変化球程度の速さなので、球速だけを見れば〝プロで通用するはずがない〟レベルです。しかし八〇キロ前後のスローカーブを操り、「直球を速く感じさせる」ことでバッターのスイングを封じていました。

これも人間の特性で、頭ではわかっていても遅い球を見慣れてしまうと、それよりも少し速いだけでかなりの速球に感じてしまうものです。星野投手の場合はその差が五〇キロ近くもあるのです。対戦したバッターたちは、「伊良部投手よりも速く感じる」（当時の最高速度保持者…一五八キロ）という感想を残しています。

ちなみに、星野投手はインタビューで「とにかく力を抜くことを常に大切にしていた」とも語っていますので、彼の「キレ」パフォーマンスは力感の話とも関連があると思われます。星野投手のフォームもぜひ動画等でチェックしてみてください。

他のパターンとしては、再びサッカーの一対一でのフェイントシーンで説明します。先ほどと同じく右にフェイントをかけて左から抜くというケースとします。

多くの選手は左に抜いていく時こそ速く動かなければと考えると思います。それももちろん有効ですし必要なのですが、ここでのポイントはその前の段階での「右へのフェイントの速さ」と、もう一段階前での「動きの遅さ」です。

フェイントを使って相手を抜くのが得意な選手は、右へのフェイントの前に、足または身体をゆっくり動かすことが多いです。これを見せることで次の動きを速く感じさせることが狙いですね。

ただしゆるい動きを見せられたら、誰でも「次は速い動き」がくることを予測します。これを逆手にとって、あえてゆるい動きを見せることにより速い動きを「予測させる」のです。実際にはそれは右へのフェイント動作ですが、相手にとっては「予測どおり」に速い動きなので、〝確信〟しやすくなるのです。

先ほどの星野投手の例に当てはめれば、スローカーブを見せられたバッターは「どこかで速球が来る」という予測をしています。そこで実際に速球が投じられたら、ボール球でも食いついてしまうという形が該当します。

遅い↓速いという予測エラーのパターンで解説してきましたが、逆のパターンも同じですので、ぜひ自分に合った形を探ってみてください。

急減速できることを予測させる

予測エラーを誘発させるために有効な三つの要素の最後は、スピードに乗った状態でも「急減速するかも」と思わせることです。

「キレ」の世界は情報戦です。

「この選手は急減速をするかもしれない……」という予測をさせておくだけで、相手は急減速を想定して動くという「重り」をつけて動くことになります。その結果、こちらが急加速した場合、追いつけないという状況を生じさせることが可能になります。

どれだけ速く動いても、相手が急減速の不安なく速さへの対応に集中できる状況は、相手にとっては非常にやりやすくなってしまいます。相手から「速いけど怖くない」と評されてしまう選手はこういうタイプです。

急減速されることへの警戒心を植え付けるには、そもそも自分が「対人競技において有効な急減速・動き出し動作」ができるかが前提となります。

次項で解説する「キレの成立条件2」は、まさにその部分です。

「キレ」の成立条件2：急加速・急減速・急ターン

私たちが相手の動きからキレを感じる時は、すでにスピードに乗って走っている状態ではなく、動き出し（急加速）や急減速、そして急激な方向転換時です。

ですので、キレのある動きを獲得するという目的においてはスプリントトレーニングよりもこれらの動作をターゲットにした身体操作トレーニングが対象となります（「対人競技の思考順序3」を参照）。

すでに解説してきましたが、これらの動作においては「速い」だけでなく、「早い」も含まれます。「早い」を規定する要素の一つである予備動作の大きさは、相手の予測の精度に大きく影響するからです。

大前提として、「早いと感じる」かどうかは相手次第だということも忘れず、力感や事前の緩急などを総動員しましょう。

筋力が上がってもキレは上がることにはなりませんし、スプリントやコーンドリルのタイムが上がってもキレの向上を意味するものではありません。

裏を返すと、それらの要素いわゆる〝フィジカル〟が不足していても、キレは生み出せます。スプリントのタイムは速くないのに、なぜか相手を外せる選手、対峙したらなぜか速く感じる選手、いますよね。球速は速くないのに、速く感じるピッチャーと同じように。

もちろん、絶対的なスピード（動作の速さ・球速）は非常に有効です。不可欠であると断言します。対人競技の構造を保持しながら、上げ続けようとしなければなりません。

速ければ速いほど、予測への依存度は高まります。ゆっくり飛んでくるボールは目で追えますが、高速のボールは目で追うことに限界があるため、予測に頼るしかなくなるのです。動きも同様です。

速さとキレを混同してしまいやすいのはこういうところが理由ですね。

これまでキレを発揮する側の立場で表現してきましたが、対応する側の人は、相手から感じるキレの正体を見抜き、少しでも予測の精度を高めましょう。自分自身が対人競技用の急加速・急減速・急ターンを高いレベルで身につければ、キレを感じさせられる相手は大きく減るはずです。

絶対的な動作スピードを上げると同時に、動き出しや急減速といった動作を対人競技仕様にしていくことで、「キレのある動き」は獲得されていきます。

キレや先に述べた「イナシ」を使うことができれば、フィールド上で自分の可能性を大きく広げることができます。

これまで、〝センス〟のある選手だけが持ち得る対人能力であった「キレ」そして「イナシ」を多くの選手が身につけていくことで、対人競技のレベルがどんどん向上することを願っています。

対人身体操作スキル3 スライドポイント

鋭い方向転換や、直接対人競技におけるコンタクトの場面においては、どちらも横方向に大きな力を発揮する必要があります。

この時、後ろ脇の部位がしっかり横（進行方向）に出っ張ると全身の力のベクトルが合致しやすく、大きな力を発揮することができます。

このような、後ろ脇が横に出っ張る状態をスライドポイントと呼びます。

まずはスライドポイントが成立する条件を解説します。

スライドポイントが成立する三つの条件

スライドポイントは後ろ脇が横に出っ張る状態と定義しましたが、そのためには次の三つの条件を満たす必要があります。【図21】

条件1　両肩が水平

横方向に発揮する力を集約するためには、何よりもまず水平方向へと力が発揮できることが重要です。人体構造的に、水平方向に力を発揮しやすい部位は、両肩または腰が該当します。たとえばサッカーなどのコンタクトシーンでは腰で当たる選手は多いですが、腰で当たろうとすると重心を落とす必要が出てきます。そうなると、強く当たれたとしても、コンタクト後にバランスを崩しやすくなったり、直後の動きが遅延したりする可能性が高まります。同様に、方向転換においても横方向に力を発揮しようとするたびに重心を下げていては脚への負荷はどんどん大きくなります。

このような踏ん張り動作は、地面を強く蹴っているという感覚ほどは速くターンできません。踏ん張っている間は身体が止まるからです。このような動きを武道の世界では「居着く」と呼び、避けるべき動作として扱われています。

以上の理由から、居着かない、かつ水平に大きな力を発揮する両方を満たすためには、肩の部分が有効な選択肢となります。

両肩を水平に保ちつつ条件2で解説する「支持脚との一直線」が実現できると後ろ脇は横に飛び出してスライドポイントへと変貌します。コンタクトシーンではここが相手に力を伝えるための主役です。

図21 二つのスライドポイント、その成立条件

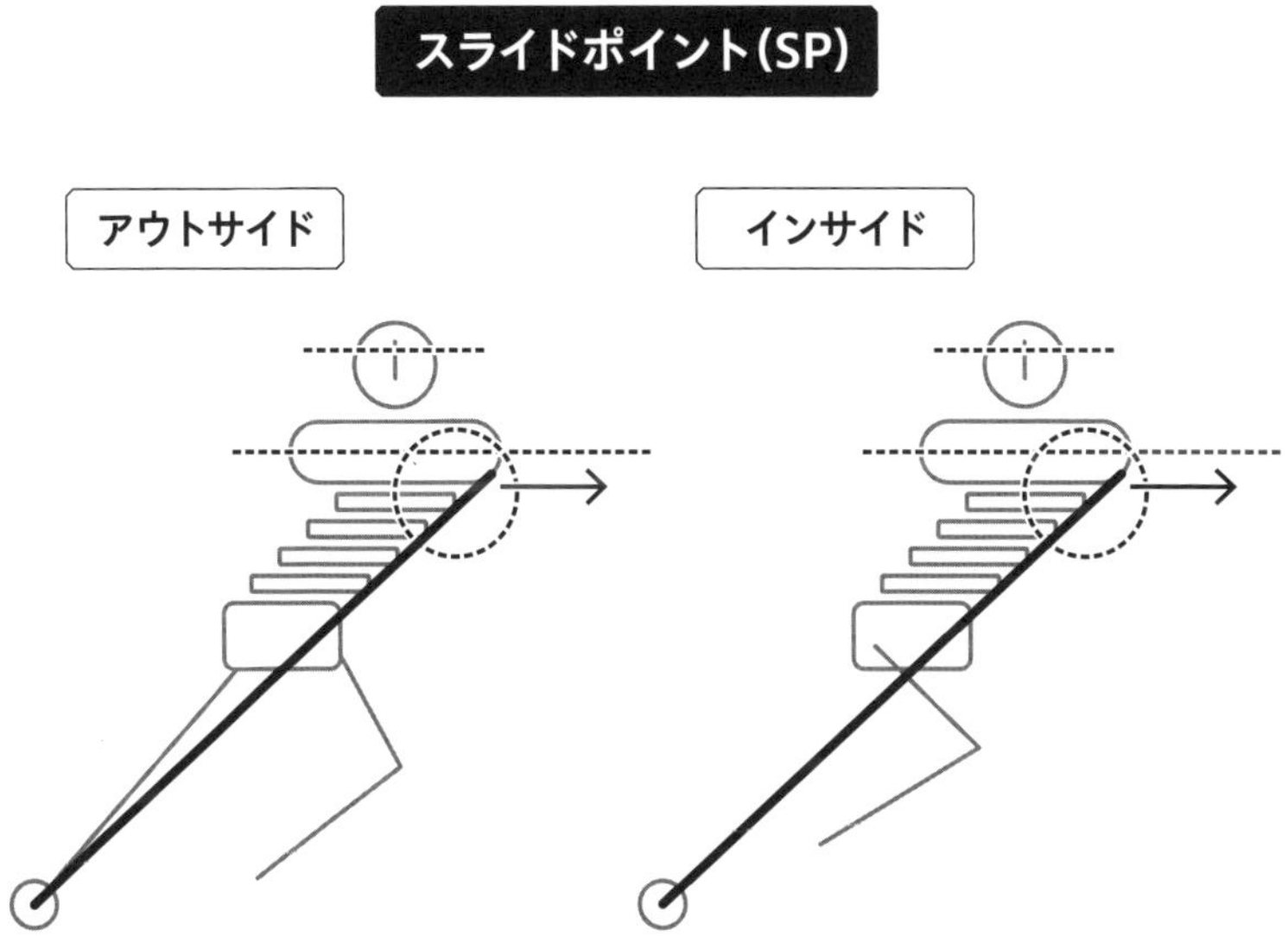

両肩(両目)水平のメリット	ボディバランス保持 **=次の動きへの移行がスムーズ・広角視野の保持**
直線ラインのメリット	地面からの力(反力)を効率よく利用 =余分な力が不要 **=相手にとって読みにくい動き**
コンタクトにおけるメリット	SP(スライドポイント)に力が集約する **=相手に効率よく力が伝わる**

実際に相手に直接接触する部位は、腕や肩になることが多いですが、その背後でスライドポイントが出現して水平方向への力が働いているのが高いパフォーマンスです。

条件2 支持脚からスライドポイントが直線で結ばれる

スライドポイントは両肩だけでなく、全身で形成されるものです。

ここは非常に重要なことですが、横方向に大きな力を発揮するためには地面からの反力を利用する必要があります。いくら両肩水平でコンタクトできても、地面から伝わる力を利用できていなければ、それは大きな力にはなり得ません。

地面からの反力をスライドポイントに伝えるには、方向転換やコンタクトの瞬間に地面に着いている脚（支持脚）から後ろ脇までが一直線になるラインを形成する必要があります。左右どちら側の脚で支えていても、支持脚から後ろ脇への一直線が必要です。

コンタクトや横移動のシーンなので、全身は横方向に斜めに傾いているはずです。

この時、膝はあまり曲がらず、ほとんど伸ばした状態（伸ばし切ってはいない）、体幹部分は真っ直ぐではなく肋骨がズレあって肩が水平のまま体幹が斜めになっている状態にならなければ直線は形成できません。

この体幹のズラし状態は特に重要で、肋骨や背骨が固まってズラせないと、後ろ脇を突出し

図22 スライドポイントが成立していない状態

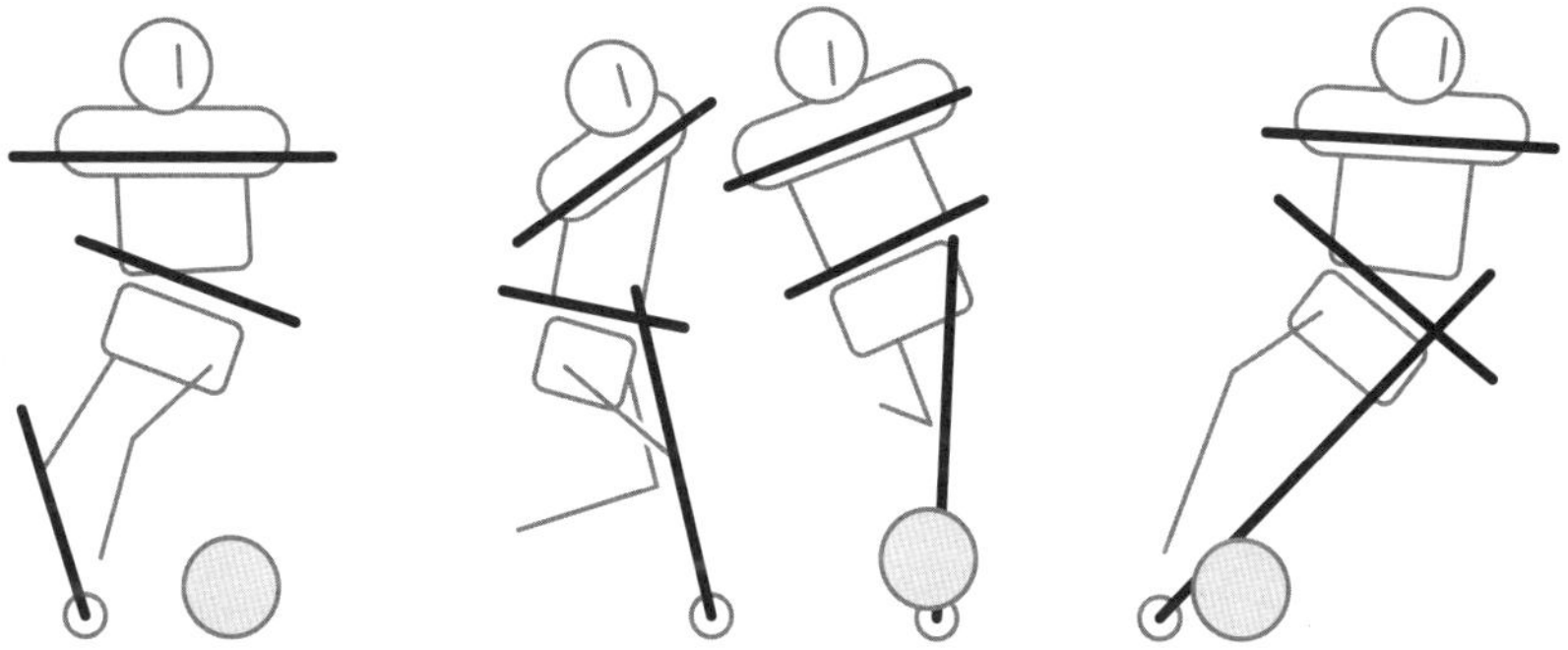

ようとしたとき両肩の水平が崩れます。両肩の水平を保持しようとすると、脚からの一直線が犠牲になります。

【図22】を見るとわかるように、膝が曲がり、腰が落ちると一直線は形成できず、膝や腰で力が逃げてしまいスライドポイントへと力が十分に伝わりません。

スライドポイントに限らずですが、反力が十分に利用できると、強く力を出している感覚はむしろ軽減しているにも関わらず、軽やかに大きな力が発揮できるという特徴があります。細身の選手なのに大きな力を出せる選手はこういう力を利用しているといえます。

前モモや腰が強く力んでしまう踏ん張り感、すなわち居着く動きなどは、それとは真逆の動作パターンです。

条件3 両目が水平

こちらは対人競技において特に重要な条件である、視野の問題に影響します。外的集中状態を保ち、それらの情報を基に動きを選択していく上では、両目から得られた情報の正確さが非常に重要です。情報の正確さとは、ターゲットと自分の間の距離や角度が該当します（決して視力検査のような情報ではありません）。

しかし両目が傾くとこれらの視覚情報の精度が激減するのです。

試しに、あえて頭を傾けて両目の水平を崩した状態でキャッチボールやリフティングをやってみてください。両目の水平キープが外的集中においてどれだけ重要かすぐにわかると思います。

また、両目の水平キープは、頭・首を垂直に保つことを同時に意味します。頭や首の位置は、ボディバランスに深く影響します。こちらもあえて頭を傾けたままバランス系のトレーニングをやってみると、すぐにボディバランスとの関係が感じられると思います。

サッカー、バスケ、ラグビーなどのトップアスリートたちは両目・両肩の水平をかなりギリギリのところまで保つような身体操作を選択しています。良い選手ほど、全身の傾き角度の深さとスライドポイントを両立しています。ぜひ、試合中の映像などを観るときは、そういう観

図23 スライドポイントを使えていないNGパターン

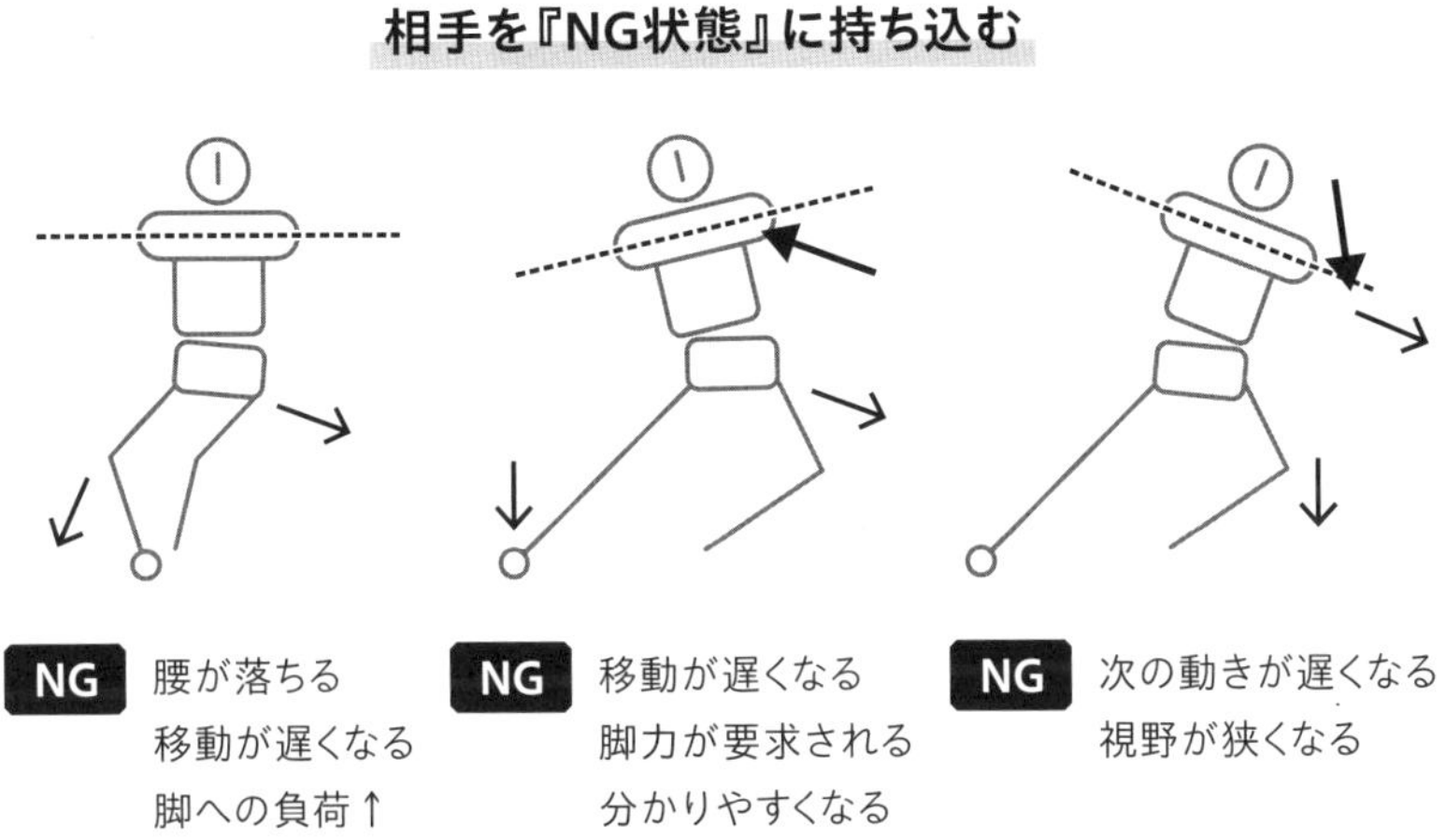
相手を『NG状態』に持ち込む
NG 腰が落ちる
移動が遅くなる
脚への負荷↑
NG 移動が遅くなる
脚力が要求される
分かりやすくなる
NG 次の動きが遅くなる
視野が狭くなる

点からもチェックしてみてください。

スライドポイントのNGパターン

ここでは、本来はスライドポイントを使うべき場面で起こりやすいNGパターンをいくつかご紹介します。【図23】

NGパターン1 両肩水平キープ+腰を落とす

一つ目（左の図）は、両肩の水平は保てていても、腰が落ちてしまうパターン。

腰が落ちるので、膝が曲がってしまいます。

このような形になると、支持脚から後ろ脇までの一直線は崩れ、地面からの反力が利用しづらくなります。地面を強く蹴って踏ん張っている感覚があるにも関わらず、水平方向には大きな力が生み出せない非効率な動き方といえます。

同時に、このような状態は典型的な「居着き」であり、踏ん張って動けない時間が生じるため、動きの速さという面でもデメリットが大きくなります。

こうなってしまう理由の一つには、「体幹を上手くズラすことができない」ことがあり、体幹を固めるようなトレーニングへの偏りが生む弊害の一つでもあると思います。

NGパターン2　両肩水平崩れ

二つ目（右の図）は、相手に当たるときに、相手側の肩が上がってしまう、または下がってしまうことで両肩の水平が崩れるパターンです。

両肩の水平が崩れると、水平方向への力のベクトルが崩れ、上方向や下方向に力を向けてしまうことになります。そうなると、力は〝まとまらなく〟なり、力が十分に伝わらない、もしくは他の部位で余分に力む必要が出てきます。コンタクトの場合は、当たった後のボディバランスも良好なものになりづらく、直後の動きが遅延しやすくなります。また、両目の水平も崩れやすく、視野の問題も併発しがちです。

NGパターン3　両肩水平崩れ＋腰を落とす

三つ目は（中央の図）、両肩の水平崩れと腰を落とす動きが同時に発生する、NG1と2の併発パターンです。このパターンは、腰を落としてしまうことによる力の分散と居着きの発生、そして水平成分の不足という両者の良くないところが併発する、パフォーマンスとして最も低い部類に該当します。

スライドポイントは高重心系の身体操作

これらのNGパターンの多くは、競技構造の一つである重心の高低と深い関係にあります。サッカーやバスケ、ラグビーなどは欧米で発祥しました。つまり高重心族が生み出した高重心競技です。そういった競技で有効な身体操作であるスライドポイントは、やはり高重心系の身体操作です。

それゆえスライドポイントを身につけて使いこなすためには、安易に腰を落とさない、膝や股関節を深く曲げないといった下半身の動作パターン、そして常に力まずリラックスして運動性が豊富な上半身の獲得が必要となります。

一方で、本書を手にとってくださっている方は、おそらく大半が日本人であり、つまり低重心族です。ゆえに低重心族が生み出した相撲などのコンタクトでは腹や腰で当たれという指導が当たり前ですし、それが最も有利に働く競技構造です。

しかし**問題は、高重心競技にまで低重心スタイルが採用されている**ことです。

腰を落として重心を下げたり、腰でのコンタクトは低重心競技で有利となるスタイルであり、高重心競技でやってしまうと前述のとおりデメリットが大きくなるのです。

NGパターンの多くは、高重心競技において低重心スタイルのコンタクト（横移動）を採用してしまっているともいえるのです。

NGパターンを知るのは、もちろん自分がその姿勢を取らないように、訓練するためでもあるのですが、ここで対人競技の鉄則を思い出してみてください。

対人競技の戦略においては、「自分が崩されない」か、あるいは「相手を崩す／相手が崩れる」状態に持ち込めたらよいわけです。NG姿勢を知ることは「相手の状態をどうやってこのNG姿勢にするか」へと展開できるので、ぜひそういう視点でも動作戦略を検証してみてください。

コンタクトの構造

これまで説明してきたように、スライドポイントはコンタクトや鋭い方向転換など横方向へと大きな力を生み出そうとする際に重要な役割を果たします。

ここでは、より複雑な構造であるコンタクトに絞ってそのポイントを解説していきます。ベースとして「サッカーの動き」を例として説明していきますが、身体操作や働いている力学などは他の競技でも共通していますので、応用いただけたらと思います。

まず前提として、**コンタクトにおいては体格は一要素に過ぎない**、という観点で捉えることが重要だと考えています。コンタクトが弱点となっている選手が、その原因をフィジカルばかりに追い求めてしまうと、見えなくなるものがあるからです。

実際に、細身の選手でも非常にコンタクトが強い選手はたくさんいます。

スライドポイントのところでも解説したように、力を発生させるのは筋肉だけではありませんし、体重だけでもありません。細身や小柄な選手がコンタクトで勝るにはそういったフィジカル要素以外の要素をコンタクトへと活用しているのです。

そのためには、まずコンタクトの構造を理解し、その競技動作の構造（力の組み合わせ）と自分の動きを比較検証し、足りないものを埋めていくのが効率の良い成長戦略です。

まず、コンタクトの目的を整理して説明します。

コンタクトの目的

①相手のパフォーマンス発揮を妨害

――コンタクトによって、相手の行為を阻止・遅延すること。

②相手の妨害行為を排除

――コンタクトによって、相手がこちらの行為を妨害しようとする作用を無効化し、自分の企図した行為を遂行すること。

コンタクトの基本構造

コンタクトの基本構造は**「接触前の動き」**があって、それが影響して**「接触」**して、さらにそれが影響して、**「接触後の動き」**に繋がります。**【図24】**

接触だけが突然起こるわけではなく、当然その前後の状態があるわけです。それぞれが影響

図 24 コンタクトの基本構造

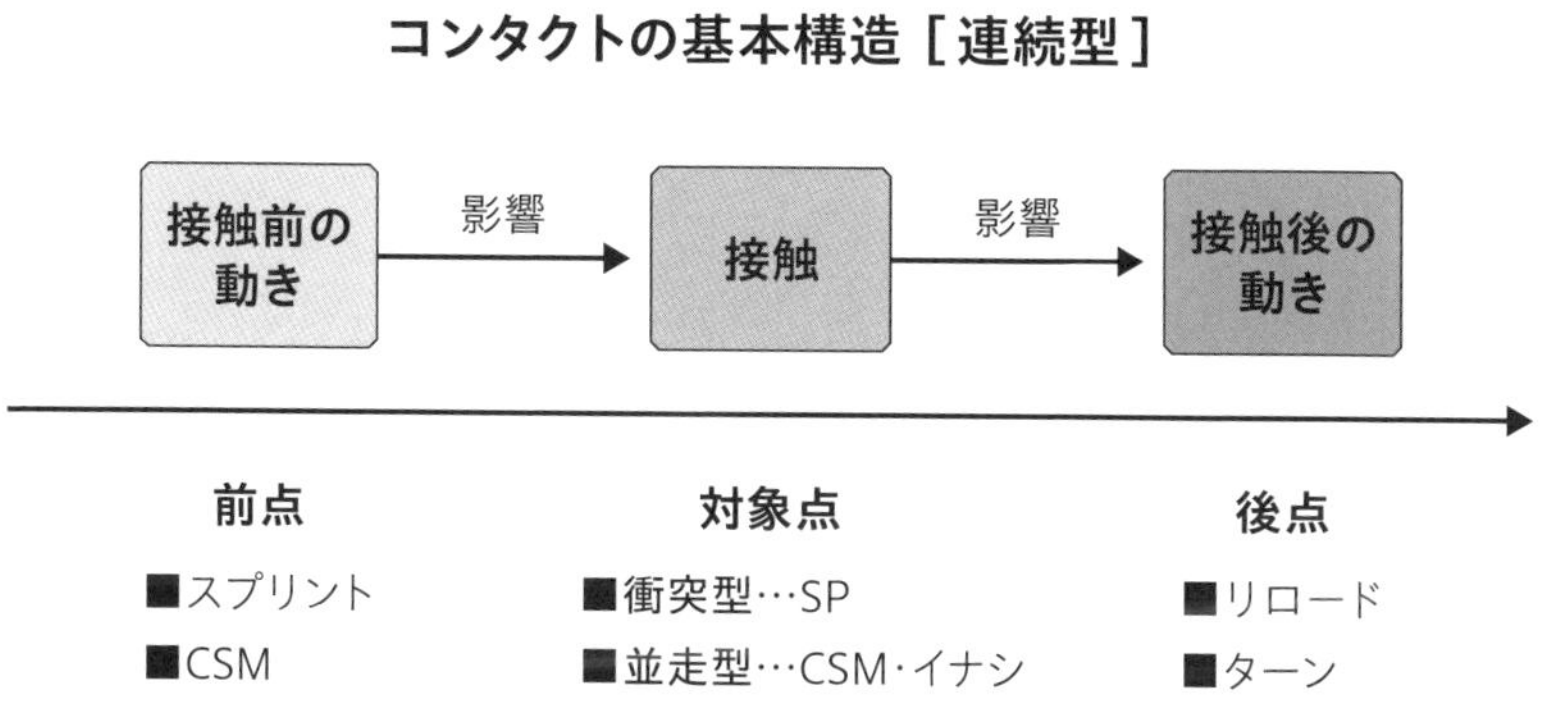

関係にあるので、当該の接触の瞬間だけでコンタクトの成否を考えていては不十分です。

たとえば、接触前の姿勢が崩れていたり、加速が不十分だと相手には大きな力は伝わりません。また、上手く当たって相手を崩せても、接触後に自分の姿勢も崩れていては次の動きに遅れが生じたりする可能性が高くなってしまいます。

もちろん、ラグビーやアメフトなど、ある程度選手やポジションごとに役割分担がなされている競技では、接触後にすぐに動くことが要求されにくいポジションも存在しますので、接触後の状態をコンタクトの成否には含まないケースもあります。

一方で、サッカーやバスケではどうでしょうか。

コンタクトには勝ったように見えても、スライドポイントを使わず腰を落としてどっしり安定の低重心でぶつかっていたとしたら、コンタクト直後の動きは当然遅くなります。いくら相手の動きを止めることができたとしても、団体競技では味方チームにも「動けない選手」が一人発生している状況を意味します。

ゆえにたとえばサッカーでは、基本的に高速で移動しながらコンタクト、コンタクトしながらまたはコンタクト直後に（トラップ／パス／シュート／クリア）という、常に動ける状態を維持し続けることが「コンタクトの構造」となります。

このことからいえるのは、サッカーという高重心競技では、腰を落として相手に当たる「相撲的」コンタクトでは、デメリットが多発してしまうということ。ゆえに高重心競技ではスライドポイントを代表とする高重心系のコンタクトが必要となるということです。

このような話をすると、「うちの選手たちは腰を落とすスタイルで十分にコンタクトが強い」という反論を受けることがあります。

皆さんはこのような意見に対してどのように考えますか？

私の立場からいえることは、現状ですでに通用していたとしても、より強い相手と対峙した時に今の方法でも通用するのかという視点を持っていただきたいということです。

残念ながら、自チームと対戦チームの両者が低重心コンタクトを採用しているケースは非常に多く、その場合は「腰を落として当たるスタイル」は有効に作用してしまいます。

しかしハイレベルになればなるほど、高重心系の身体操作でプレーする選手の比率は高まっていきます。極論をいうと、日本代表になってイングランド代表と対戦する場合、相手チームの全選手が高重心でコンタクトしてきます。

現在のレベルで通用するだけでもう十分だというのであればそのままでも問題ないと思いますが、上を目指すのであれば、高重心系の身体操作の獲得、そのベクトル内でどんどん強化するという方向へと意識を向けることを推奨します。

このことは他の直接対人競技にも当てはまるケースが多いと思われますので、ぜひご自身の競技に当てはめてみてください。

ちなみに**腰を落とすことと、姿勢を低くすることは別物**として扱わなければなりません。低重心族である我々は、重心を低くするイコール腰を落とすことという理解・身体感覚を持っています。

しかし高重心系の姿勢を低くするという動きは、お尻を引き上げて背中を低くする動きを指します。

・低重心族が姿勢を低くするパターン：腰を落とす

↓低重心競技では有利／

高重心競技では不利

・高重心族が姿勢を低くするパターン：お尻を引き上げて背中を低くする

↓高重心競技では有利／

低重心競技では不利

コンタクトは2×2パターンにわけられる

コンタクトの構造についてもう少し掘り下げましょう。コンタクトは**衝突型**と**並走型**のパターンに分類でき、それぞれコンタクトする側とコンタクトされる側の四種類が該当します。

【図25】

おそらく、ほとんどの対人競技におけるコンタクトは、このどちらかに該当すると思います。

衝突型

衝突型は主に横方向に弾き飛ばす、もしくは弾き返すコンタクトパターンです。

衝突型における戦略には「スライドポイントを中心とした、衝突と角度調整」、「スプリント

図 25 コンタクトの2×2パターン

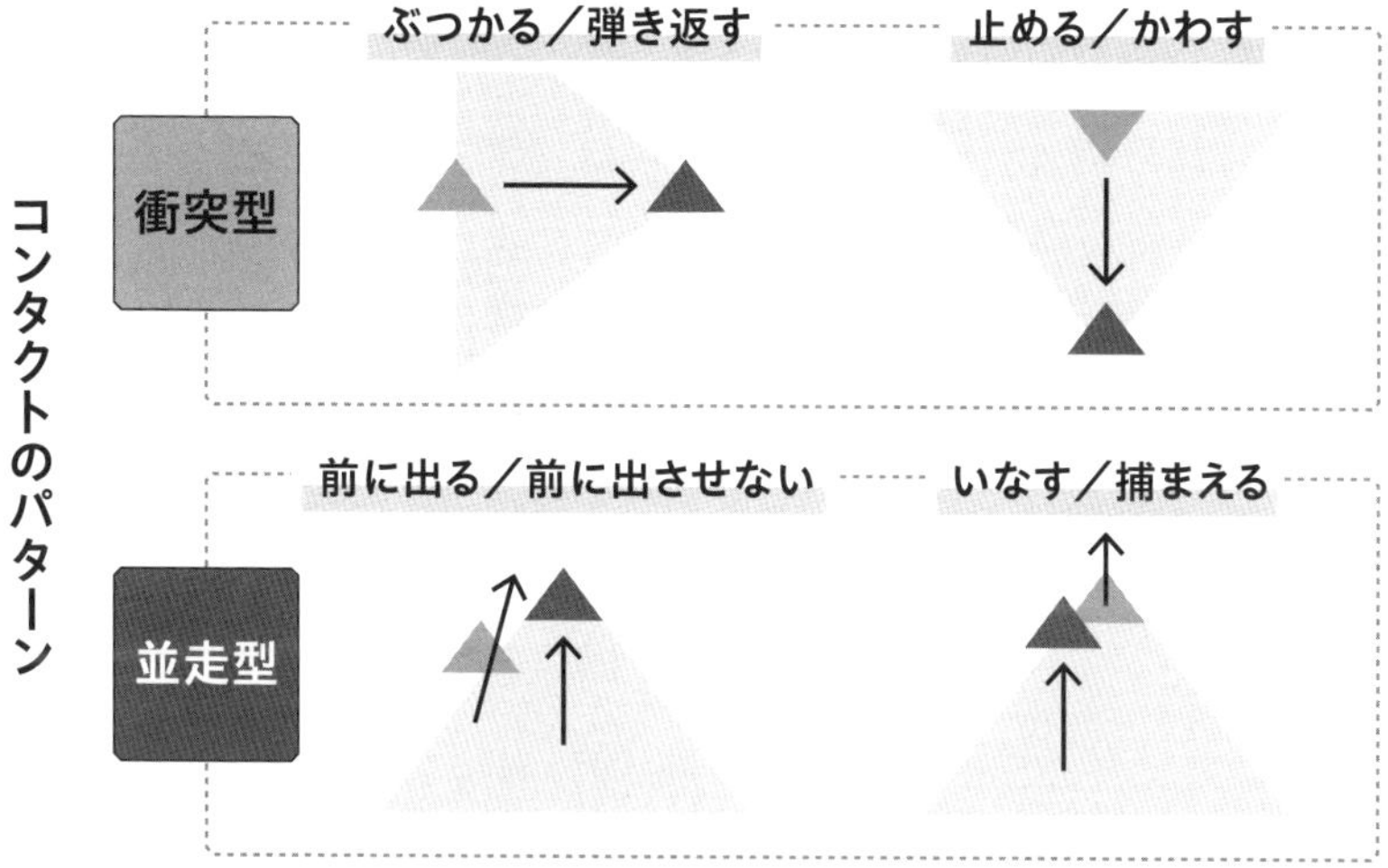

速度の調整」が必要となります。

衝突型で必要となるのは主に横方向への出力なので、スライドポイントの重要度が高くなることはこれまで説明してきたとおりです。

また、スピードの調整も衝突型では重要な要素です。とにかく最大のスピードで全力でぶつかるというスタイルでは、相手や自分にとって怪我のリスクが大きくなってしまいますし、そもそもファウルになってしまいやすくなるからです。

さらに衝突型には、前から来た相手をがちっと止める、もしくはかわすというものも含まれます。

かわしたら接触してないじゃないかという声も出てきそうですが、かわすこともれっきとしたコンタクトスキルです。なぜなら「この状態で／この相手とコンタクトしたら勝てない」という判断が行われているからです。

衝突型において被コンタクト側では、体勢が整っていればスライドポイントを使う余裕がありますが、その余裕がないような姿勢で接触されると簡単に崩されてしまいます。

このようなケースは、どんなに大きな選手であっても想定しておかなければなりません。なぜなら、そのような場面で身体を固めて弾き返そうとするスタイルでは、よほどの体格差がなければ有効にはなりません。現在のカテゴリーでは大きいとされる選手でも、カテゴリーが上がれば体格的優位性は失われる可能性がありますので、この点は非常に重要です。

理想的には、コンタクトされた時に相手の力をできるだけ吸収できることを目指してほしいと思っています。体幹をぐにゃっとずらせ、踏ん張って耐えるのではなく軽やかに足の位置を変えるのです。

相手には分厚くて柔らかいゴムや水のたくさん入ったウォーターバッグに当たったような感触、またはまるで押している感覚が得られない、そんな被コンタクトスキルが身につけば、体格差はほとんど問題にならないレベルに到達できます。

並走型

並走型は、相手と並走しながら接触するパターンです。前に出る、もしくは前に出させないといった場面が該当します。

衝突型が横方向への力の発揮が中心になることに対して、並走型は縦方向の要素が強くなります。並走距離が長くなればなるほど、シンプルに走力の高い選手が有利になりやすいといえます。

ただ、こちらもとにかく速ければ無双できる、というわけではなく、速度調整という駆け引きがコンタクトの良し悪しの鍵を握ります。

つまり、一三八頁で解説した「キレ」です。ゆっくりした速度で走っていて、相手もそれに合わせて速度を落とした瞬間に一気にギアを上げる、その逆、というような駆け引きを含んだコンタクトだからです。

加えて、相手より前に出てさらに前に出させないようにするという意味では、腕の使い方が非常に大きく影響します。

日本人のサッカー選手は腕の使い方が下手だ、と評価されて久しいですが、並走型コンタクトもその影響下にあるのです（サッカーにおける腕・上半身操作についてはまた別の機会に書きたいと思います）。

たとえば、相手より前に出ようとする際には、相手がブロックしてくる腕よりも上に自分の腕を持っていくことができれば相手を抑えて前に出やすくなります。

当然、相手もそうさせまいと腕を動かすわけなので、この時に腕を動かす速さや軌道がそのまま影響するということです。

また、相手を前に出させないようにする際も、腕は重要な役割を担います。前に出てこようとする相手を腕でブロックするためには、当然大きな力が必要です。

その際に体幹と腕の連結度合いが鍵を握ります。肩が力んでしまうような動きだと連結度合いは低くなり、逆に後ろ脇がしっかり働くと連結度合いは高まって「強い腕」になります。実践編でご紹介するトレーニング（後ろ脇アクティベーション・立甲スパイラル・後ろ脇プッシュアップ）をしっかり継続することで連結度合いの高い「強い腕」が獲得できますので、ぜひやってみてください。

第6章では、これまで何度も登場してきた「使うべき部位」の詳細に入っていきます。

6 力を入れるべき部位・力を抜くべき部位について

ここからは、これまで繰り返し登場してきた「使うべき部位」の中身について詳しく解説していきます。

これまで「使うべき部位」と表現してきましたが、便宜上、ここからは「(力を) **入れるべき部位**」とさせてください。

入れるべき部位は、人体の構造上、効率よく大きな力を伝達・発揮したり、地面から得られる反力を受けて高速で移動したりする際にしっかり力が入っていることが必要となる部位のことを指します。

一方で、その際に必要ない、むしろ阻害要因になる部位のことを「(力を) **抜くべき部位**」

図26 力を入れるべき部位／抜くべき部位

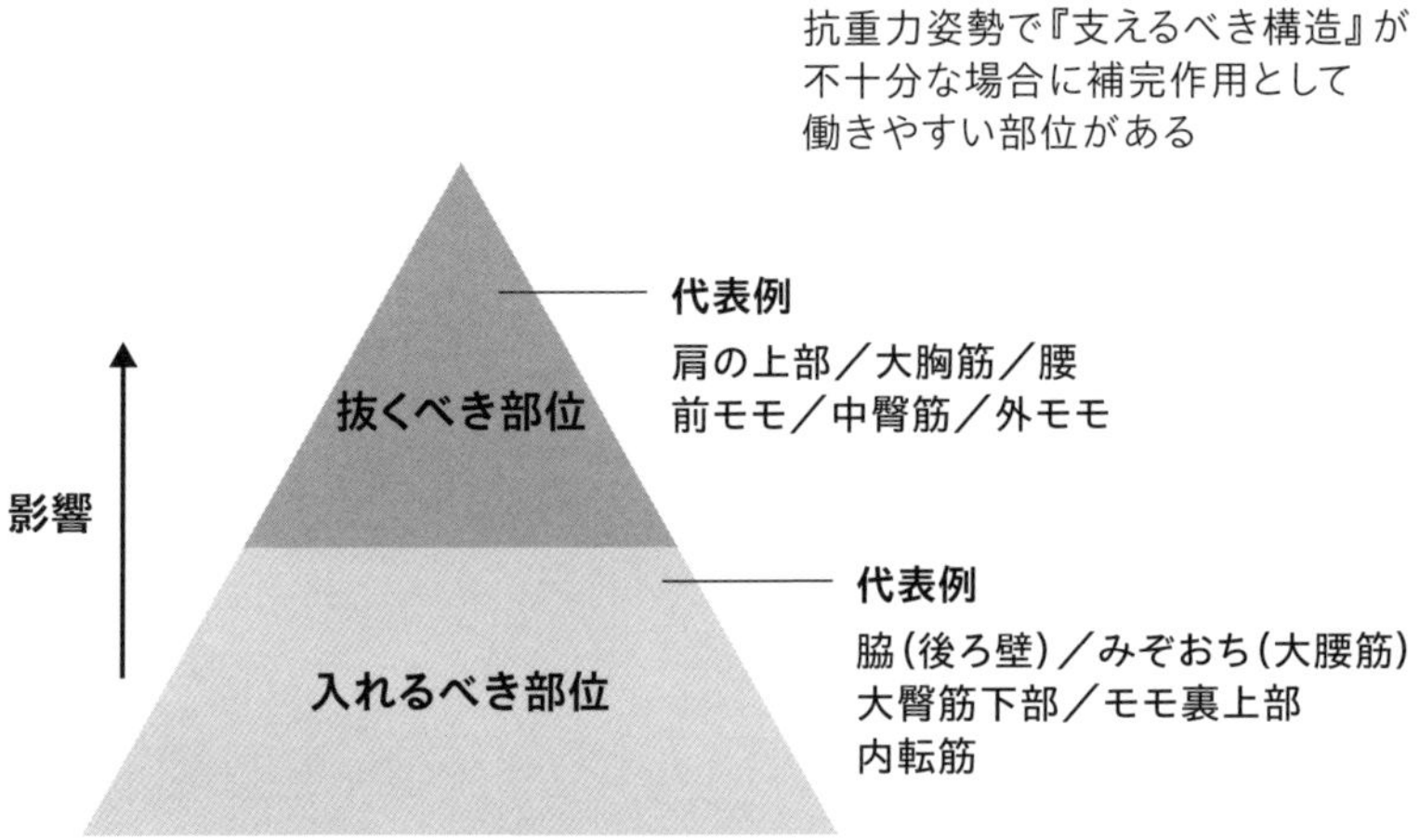

と呼びます。抜くべき部位は、肩や腰などいわゆる力みやすい部位が該当します。

入れるべき部位が十分に働いていない場合、他の部位でつながりを補ったり、なんとかして身体を支える必要が出てきます。

その際に動員されやすいのが「抜くべき部位」に合致してきます。つまり抜くべき部位（＝力みやすい部位）は、入れるべき部位が十分に作用していない状態を補うために代償的に働いている部位なのです。【図26・27】

力みにはこのようなメカニズムがあるため、力んでしまった際にいくら力を抜こうとしても上手く抜けないのです。

そのため、順序としてはまず入れるべき部位に刺激を入れてしっかり働いてくれる状態を作り、それから抜くべき部位の力みを抜いていく

図 27　力を入れるべき部位 vs 抜くべき部位の全身図

身体にはさまざまな筋肉があるが、おもな筋肉は以下の通り

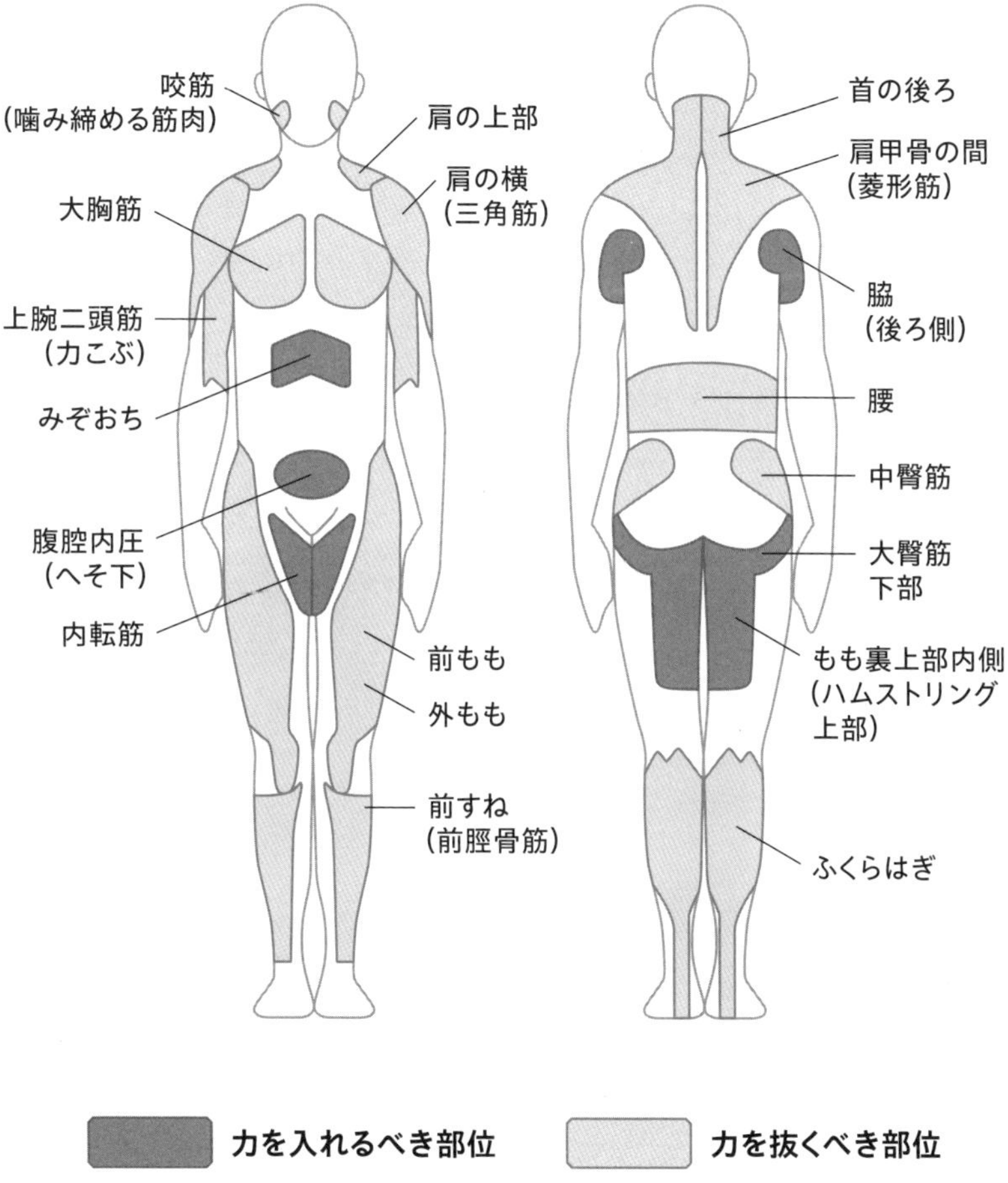

という流れが必要です。

具体的な部位の解説に進む前に、まずはこのような「入れるべき部位と抜くべき部位の関係性」を理解しておいてください。

ではここから、具体的に入れるべき部位の解説をしていきます。

ホットゾーン

入れるべき部位は、人間の構造上ある程度決まっています。選手自身にも理解してもらい、ことあるごとに自分で刺激を入れてもらうためにも、解剖学的な部位の名前を使うのではなく**「ホットゾーン」【図28】**と名付けてその位置を覚えてもらっています。なので入れるべき部位＝ホットゾーンという解釈で理解しておいてください。

注意点としては、入れるべき部位といっても、ずっと力を入れ続けるという意味ではありません。必要のない場面では脱力して柔らかく、必要な瞬間に一気に力を入れられることが、入れるべき部位に求められる働きです。

上半身のホットゾーン

まず一つ目は**後ろ脇**です。スライドポイントとも合致する重要部位です。

少し腕手を挙げて脇を掴んだときに、前壁と後ろ壁がありますが、その後ろ壁の方を指します。

ここは、**上腕三頭筋（長頭）や、広背筋、大円筋（いわゆるインナーマッスル）など複数の筋肉が交差する場所**です。この部位に刺激が入って働きやすくなると、肩甲骨と体幹を広範囲でつなぐ前鋸筋も働きやすくなります。そのため、腕と体幹の間で力を伝達させる際に、伝達役として重要な働きを担っています。

特に、野球のピッチングや、テニスでラケットを振る時など、下半身からの力を手に伝えるために通過すべき重要なポイントです。

実際、プロ野球のピッチャーたちは「肩甲骨から投げたい」という感覚表現を使います。後ろ脇のアクティベーション（後述）を行った状態で投げてもらうと「この感覚です」というフィードバックが返ってきます。

後ろ脇が抜けてしまうと、それを補うために肩の上部、僧帽筋上部や肩甲挙筋（いわゆる肩こり筋）といった抜くべき部位に力が入ってしまうことになります。

二つ目は**みぞおち**（大腰筋・横隔膜）です。

大腰筋は上半身と下半身を繋ぐ非常に大きな筋肉です。また、背骨と大腿骨を、直接繋ぐ唯一の筋肉です。そのため、この筋肉が十分に使えないと、上半身と下半身の間での力の伝達効率が低下してしまいます。

横隔膜は、内臓を収めるための体腔の中に存在する、唯一の骨格筋です。みぞおちあたりで胸腔と腹腔を仕切る形で存在し、その形状は上に凸のドーム状です。「膜」という名前がついていますが、れっきとした筋肉であり、それゆえ鍛えれば強くなりますし、使わないと衰えて固くなります。

この筋肉は、腹式呼吸などでお腹を膨らませられる唯一の筋肉であり、機能が低下すると腹圧が低下したり呼吸が浅くなったりします。

後ほど詳しく解説しますが、腹圧が低下すると、抜くべき部位である腰が固まったり、股関節が上手く使えなくなったりしてしまいます。

大腰筋と横隔膜は一部が連結しているため、相互に影響し合う関係にあります。

図 28 上・下半身のホットゾーン

上・下半身ホットゾーン／メインエンジン

1. 後ろ脇

主に前鋸筋・上腕三頭筋長頭・ローテーターカフ・広背筋で構成されるゾーン

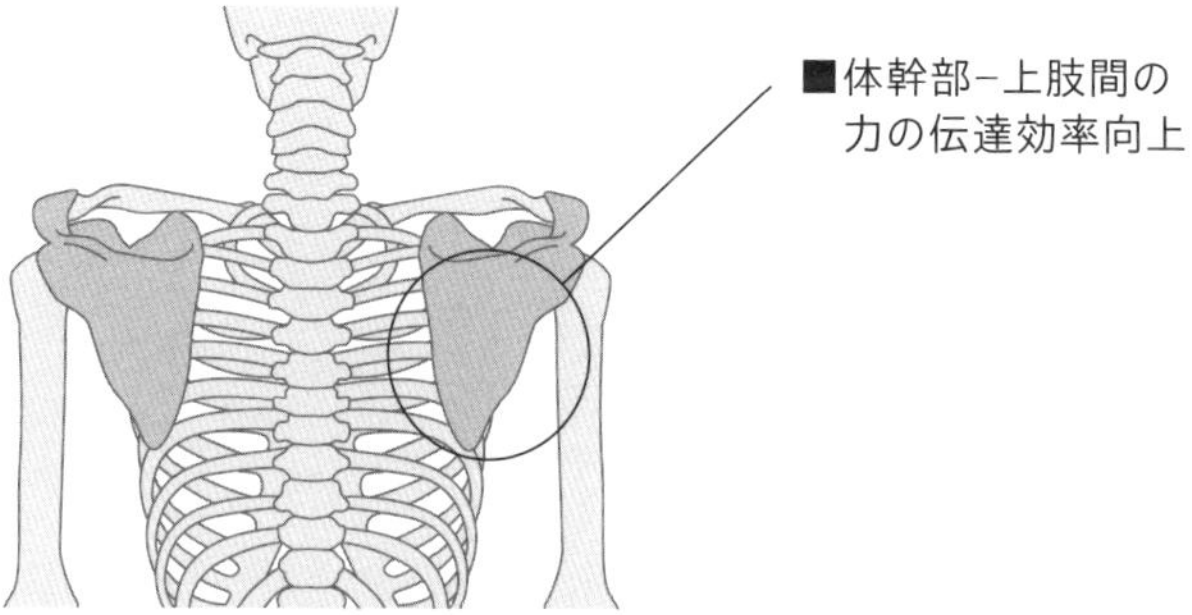
■体幹部−上肢間の
力の伝達効率向上

2. 大臀筋下半分+内側ハムストリング上半分+内転筋

主に上記筋群で構成されるゾーン

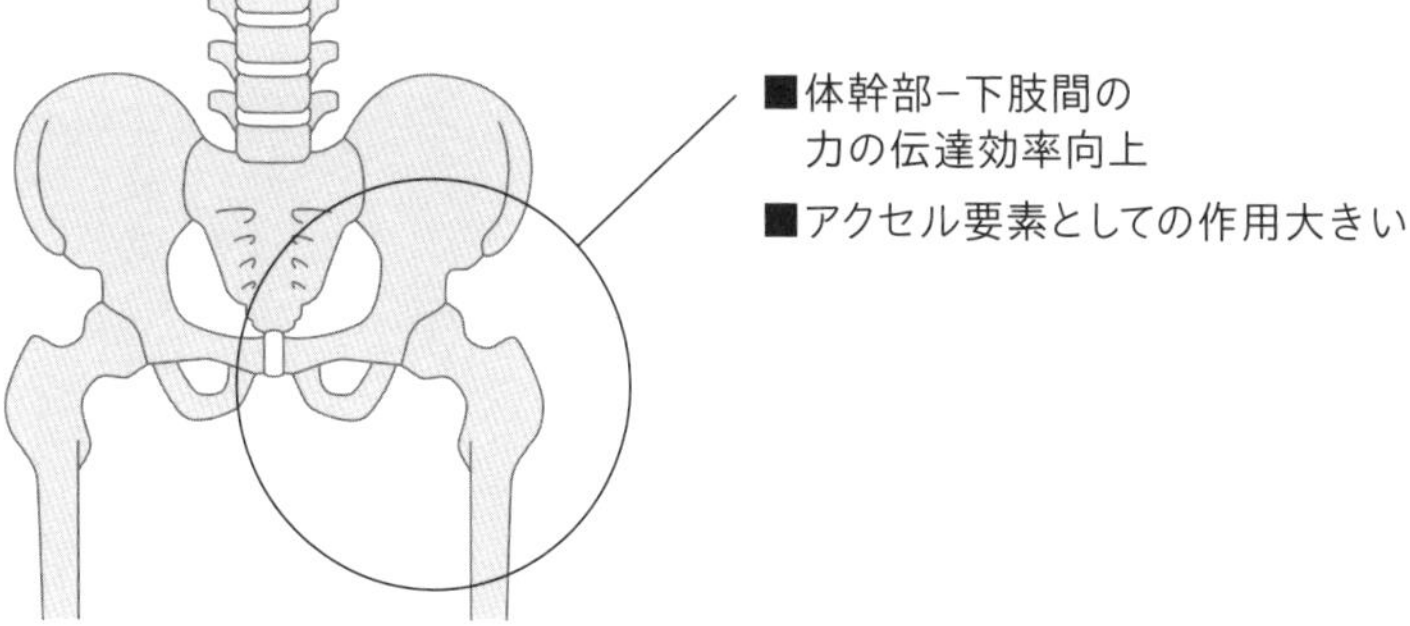
■体幹部−下肢間の
力の伝達効率向上
■アクセル要素としての作用大きい

下半身のホットゾーン

下半身のホットゾーンは**大臀筋下半分、内側ハムストリング上半分（モモ裏の内側上部）、内転筋上部**です。

これら近接する三つを合わせてホットゾーンです。

この部位が働くと、地面を蹴るときに、一番効率よく力を加えられるようになります。このことは同時に、地面からの反力を得る効率も高くなることを意味します。スピードのある選手が例外なく発達している部位です。

それぞれ、同じ筋肉であっても部位が限局されますので、少し解説を加えます。

まず**大臀筋下半分**について。大臀筋は上半分と下半分で役割が異なります。上半分は腰を固める作用があり、下半分は脚を後ろに動かす作用（股関節の伸展）、つまり地面を蹴る・身体を支える働きがあります。そのため、上部は抜くべき部位、下部が入れるべき部位となります。

内側ハムストリング（半腱様筋・半膜様筋）の上半分も同様に同じ筋肉の中でも役割が異なっ

ています。ハムストリングスは座骨からスネの骨である脛骨につながる長い筋肉です。股関節と膝関節をまたいでいるので、二関節筋と呼ばれます。大臀筋と同じように、上半分と下半分で作用が異なり、上半分は大臀筋下部と同様に股関節の伸展作用、下部では膝を曲げる作用があります。どちらも地面を蹴る動きを実行できますが、上半分は大臀筋下部と協力してより強大な力が発揮できます。また脚全体を後ろに動かすことができるので、アームの長さという観点からも効率が良いといえます。

そのため、内側ハムストリングスは上部が入れるべき部位、下部が抜くべき部位です。

これらハムストリングス下半分は肉離れがよく起こっている部位ですが、こういった筋肉の作用も無関係ではありません。

最後に**内転筋**についてです。内転筋には、大内転筋や長内転筋など、複数の筋肉があります。それらが協力しながら脚を内側に動かすのが内転筋の基本的な作用です。

ホットゾーンである内転筋上部は、こちらも太ももの上半分が該当します。恥骨筋や短内転筋などが含まれるゾーンです。特に重要な役割が、大腿骨をしっかり骨盤に押し付けて股関節を安定させることです。これはローカルマッスルと呼ばれる、身体の深部にある小さな筋肉がその役割を担います。内転筋の中では恥骨筋が該当します。

また、それと協調して働く深層外旋六筋も、同じく股関節周囲のローカルマッスルです。

大きな力を生み出す筋肉の働きは、関節の安定性の影響を大きく受けます。関節が不安定だとそれらの筋肉は十分に機能を発揮できません。そういう意味では、深層外旋六筋も下半身ホットゾーンに含まれます。

抜くべき部位

一方、抜くべき部位の代表例は**肩の上部、大胸筋、腰、前モモ、中臀筋、外モモ、ハムストリング下半分部など**です（**【図27】**を参照）。これらは、先ほどの入れるべき部位が適切に働いていないときに、補完作用として働きがちな部位です。

これらの筋肉の特徴は、その仕組みとして上半身と下半身に繋ぐものが少なかったり、背骨と直接繋がっていなかったりという構造を持ちます。

入れるべき部位でも解説しましたが、これらの筋肉に力が入ることで力は伝達しにくくなります。

裏を返すと、力の伝達効率が低下している「サイン」です。動きを見る力があるコーチが力みを抜けと注意するのは、そういう理由があるからです。

これらの筋肉に繰り返し力を入れ、その結果として固まってしまうと、肉離れや靭帯損傷、肩の問題など、身体に問題を生じさせる原因となってしまいます。

ホットゾーンを鍛えるときの注意点

ホットゾーンを鍛える際に、最も簡単でおすすめの方法が「アクティベーション」です。ホットゾーンに刺激を入れて一時的に働きやすい状態を作ります。

アクティベーションの重要度が高いシーンとしては、トレーニングの三階層（第3章）の一番下部の基礎階層や、学習プロセス初期（第4章）。つまり不良パターンが出現しやすい状態でこそ威力を発揮します。

アクティベーションは、すぐにでも試してほしい方法ですが、注意点があります。

それは、アクティベーションと「不良パターンを抑制する設定」を必ずセットにして扱ってほしいということです。

そもそも不良パターンが身体に刻み込まれた状態（＝ホットゾーンが十分に働いていない状態）では、どんなに単純なトレーニング動作でもかなり注意しないと不良パターンが出現してしまいます。

たとえば上半身のホットゾーンである後ろ脇を、腕立て伏せのときに働かせようとする場合、肩の固定パターンが定着している人が普通に腕立て伏せを行っても、後ろ脇には入りません。ほとんどの場合、抜くべき部位である大胸筋や肩にある三角筋などに入ってしまいます。なぜならそういう支え方のクセが身についているからであり、後ろ脇を使う感覚が入力されていないことで、「後ろ脇を使った支え方」の感覚がそもそもわからないからです。

後ろ脇を使えていない人が後ろ脇というホットゾーンを的確に使いこなすためには、まず**アクティベーション**を使って働きやすい状態を作り、この部位が働いている感覚を入力しつつ**腕のポジショニングや腕・肩甲骨・体幹の位置関係を適切に設定する**といったプロセスが必要です。

次にみぞおちですが、この部位の働きは腰を固めるパターンと対になっています。そのため、すでに腰を固めるパターンが定着していると思われる場合には**腰を固める反応が出ないように配慮されたトレーニング設定**が必要となります。また、後ろ脇と同様に、そもそもみぞおち（大腰筋や横隔膜）が働きやすい状態づくりを先立って行う必要があります。

下半身のホットゾーンでは、前モモが対となっているため、**前モモが入らないように注意し**

ながらトレーニングを行う必要があります。ホットゾーンも入っているけれど、前モモもガチガチという状態でのトレーニングは非常に非効率であり、動きの学習という点においてもネガティブな影響が予測されます。いくら「モモ裏を鍛えるトレーニング」というタイトルがついていても、実際に行うときに前モモに入ってしまっていては本末転倒です。

また、下半身ホットゾーンのところでも解説しましたが、**ホットゾーンのすぐ近くにも抜くべき部位がある**ことにも注意が必要です。

ハムストリング上半分を鍛える時にはハムストリングの下部には入らないように注意が必要ですし、大臀筋下部を使うためには大臀筋上部への入力は避けなければなりません。

特に、次項で解説する三つの固定パターンの影響が強いことが想定される期間（主に導入初期）は、このように働かせたい部位を限局していくように設定されたトレーニングを優先する必要があります。

どのようなトレーニングを行う際にも、この関係は常に影響しますので、マイナスの学習を防ぎ、効率よくパフォーマンスを向上するためにもしっかりと理解しておいてください。

繰り返しになりますが、抜くべき部位に入ってしまう力みを単独で解除することは難しいです。まずは入れるべき部位がしっかり働く状態を作り、その上で（ある程度は並行して）抜くべき部位の脱力に取り組んでいきましょう。

パターン化しているならば改善すべき「三大固定パターン」

人間の特性上、「抜くべき部位」に力が入り続け、それがパターン化するケースには大別して三つの典型的かつ強固なものがあります。

順を追って説明します。

1 腰を固めるパターン

腰は、力んでしまいやすい部位の代表格。

この部位は、骨格的に非常に不安定な構造です。背骨の一部である腰椎という骨だけで、上半身の重さやその大きな動きを支えたり、力を伝達しなければなりません。そのため、その不安定さを補うために腰の筋肉が力みやすくなるのです。

その際に本来補助の役割を担うのが腹圧です。

腹圧は、入れるべき部位である横隔膜や腹横筋、そして骨盤底筋で囲まれた腹部を内側から広げようとする力です。この力が腰椎の安定性を高め、支持性をサポートします。

横隔膜などの機能低下や内臓が固まることによって腹圧が不足してしまうと、腰椎の不安定さを補うために腰部の筋肉をがっちり固めざるを得なくなってしまいます。これが腰が力んでしまう大きな原因となっています。

いつも腰を固めて反り腰状態になっていたり、力を出すときに、必ず腰を固めてからしかできないという人は、腰を固めるパターンが定着している可能性が高いといえます。

どのような練習、トレーニングをしても、ジョギングや立っているだけでも常に腰が張る人も、同じく腰を固めるパターンの定着が疑われます。

腰を固めるパターンが定着しているということは、どんな動作を起こす際も、腰を固める動きが混入するということです。

このような状態のまま、「多様なトレーニング」を行っても、動作学習の観点からみると「実質的にはさまざまな動きの中で腰を固めるパターンを強化する練習」となります。

だからといって、腰の力みを解除したり、疲労や痛みを解消するために、ただ腰のマッサージやストレッチなどでほぐしてもあまり意味がありません。腰を固めるパターンが生じた原因、つまり腰椎の不安定性が残存する以上、一時的にほぐれてもまたすぐに固める作用が無意識に生じます。

ゆえに、**腰の力みを解除するためには、腰椎の安定システムである腹圧を高めることが不可欠**といえます。腹圧の向上には特に横隔膜の柔軟性と強靭な収縮が必要となりますので、後ほどトレーニング方法をご紹介します。

2 肩を固めるパターン

肩まわりで力んでしまいやすい部位は、いわゆる肩こりが生じる僧帽筋上部のあたり、そして三角筋。もう少し広い範囲で考えると大胸筋も含まれます。

腰と同じく、スポーツ、そして日常生活においても力んでしまいやすい部位です。そしてもちろん抜くべき部位です。

肩は腕と体幹をつなぐ部位で、そのつなぎ目には肩甲骨があります。そのため、腕は非常に大きくて自由度の高い運動ができます。それゆえに、構造として非常に不安定で、力が逃げやすいという特徴を持ちます。

たとえば野球のピッチャーがいくら下半身や体幹を強化しても、肩で力が逃げてしまってはそれらの力を指先まで伝達できず、強いボールは投げられません。それだけではなく、場合によってはそれでも何とかして強いボールを投げようとして、腕や肩を力ませて力を補おうとする作用が働きます。このような力みを伴った投げ方を続けると、肩や肘にトラブルが起こりやすくなってしまいます。

肩の力みが生じると、多くの場合に肩が上がって固まる、または前に出て固まるといった現象が起こります。

すでに肩こりの自覚があったり、肩が上がるなど力む感覚がある人、そしてトレーニングや練習で肩や胸がいつも疲れる人。そういう人は肩を固めるパターンの定着が疑われます。

このパターンが定着してしまうと、体幹と腕の間でとにかく力が伝わりにくくなります。スポーツに限らず、私たちが腕を使う際には下半身や体幹の力を利用するのが効率的な身体操作です。逆に腕の力を単独で使うのは非常に非効率な動き方で、多くの場合にどこかを痛めるなどトラブルにつながってしまいます。

また、腰を固めるパターンとセットになって肩甲骨の間を固めるパターンもかなり多いので、そちらも注意しておきたいところです。

先ほども説明したとおり、**肩まわりでの入れるべき部位は、後ろ脇**です。

この部位を構成する筋肉は、どれも体幹と腕の間での力の伝達効率を高める性質を持っています。

プロ野球のピッチャーは「肩甲骨から投げたい」という感覚表現をします。後ろ脇を刺激した上で投げる感覚を確かめると、「まさにここを使いたかった」と必ず言うぐらい、重要な部位です。

3 前モモを固めるパターン

前モモとは、大腿四頭筋を指します。この筋肉は膝下から骨盤までつながる長くて大きな筋肉です。膝と股関節をまたいでおり、股関節を曲げる動きや、膝を伸ばす動きを担っています。

スポーツ動作において非常に重要なポイントとしては、膝が前に崩れる（曲がる）動きを制御する作用があります。ちょうど階段を下るときに、スピードが出過ぎないようにする、つまり膝が曲がりすぎて倒れないようにする際の働きです。このような作用を持って大腿四頭筋は「ブレーキ筋」と呼ばれます。

スピードに乗った状態から減速する際、このブレーキ筋も参加しますが、過剰に使いすぎることでガチガチに固まってしまうケースは非常に多いです。

本来は上半身によるブレーキ作用やステップワークなどの協力者を動員して減速動作を生み出すのがハイレベルなパフォーマンスです。しかし低重心族の〝得意技〟である腰を落とす動作は、前モモ中心のブレーキ動作と非常に相性が良く、多くの選手がこのパターンを採用してしまっています。

「ブレーキ筋」というネーミングの弊害でもあると思いますが、前モモには単にブレーキ成分があるというだけで、「減速動作の主役」ということではありません。

写真　腰の下ろし方

前モモを使って
腰を下ろす

股関節を曲げて
腰を下ろす

股関節を曲げて腰を下ろすと、
すぐに尻を浮かせられる

よって減速動作を鍛えようとして前モモをしっかり鍛える行為、または前モモをしっかり使うように意識させる行為は、腰を落とすパターンと相まって前モモを固めるパターンを強化していることを意味します。

前モモ固定パターンが定着してしまうと、減速動作以外にも前モモの作用が混入してきます（それがパターンの特徴でしたね）。

たとえばスプリント。スピードを出さなければならない場面にも関わらず、この筋肉が反応し、ブレーキ作用を生み出してしまう現象が起こります。

そのような走り方には特徴があり、頭が上下左右にブレる、脚で支えるフェーズで膝が曲がっている、背中が丸くなっているなどが共通項です。

そしてそういった選手はまず間違いなく前モモの大腿四頭筋がガチガチに固まっています。

前モモが固まるパターンが発生する原因はたくさんありますが、その一つとして、股関節との関係が挙げられます。

股関節（下半身ホットゾーン）が働くべき時に働いていないと、その動きの不足分を膝が補うことになります。これは入れるべき部位と抜くべき部位の関係と同様です。

たとえば、椅子に座る場面。股関節が十分使える人の動作では、まず股関節がしっかり曲がり（屈曲）、その後少しだけ膝が曲がりながら着座します。

一方で股関節が十分に使えない人の場合。股関節を十分に曲げ切る前に膝が前に動き出します。試しにやっていただきたいのですが、そういった動作では間違いなく前モモがかなり働きます。前者の動作でも前モモは少し働きますが、比較するとその入り具合は大きく異なると思います。

また、注意していただきたいことは、膝が前に出ないという外見だけを追い求めてしまうことです。「膝がつま先より前」に出ていなかったとしても、その時に前モモがガチガチに固まっていれば、それもまた前モモを強く働かせるパターンです。

つまり前モモを固めてしまう問題の本質は、膝が前に出る方向に力のベクトルが発生してしまっているということであり、その裏には**股関節周囲の問題**が存在しているという構図です。

前モモ固定パターン定着の背景にはこのようなメカニズムがあることが多いので、前モモが固まっている選手は前モモをほぐしつつも、優先順位は下半身のホットゾーンをしっかり働かせたり、股関節の柔軟性や感覚を高めていくことにおく必要があります。

三つとも、プロ選手であっても陥りやすいパターンであり、怪我をしたり調子を落としたりする際はいずれかのパターンが関与しているケースが非常に多いです。

これらのパターンは単独に生じるだけにとどまらず、複合的に発生することも多々ありますので、当てはまるものが多い人ほど早急な対応が必要といえます。

しつこいようですが、これら典型的な三パターンは、どれも**ホットゾーンの働きが不十分**であることが背景にあります。裏を返すと、それほどホットゾーンを適切に働かせることは重要であるということです。

次の実践編からはアクティベーションやトレーニングをご紹介します。典型三パターンをはじめとした不良パターンに注意しながら丁寧に行うようにしてください。

COLUMN

リ・アダプテーションという考え方

何回も同じ部位の怪我を再発してそのまま引退してしまう人と、怪我をしてもその後は怪我をせずに活躍できる人がいます。

彼らの違いはどこにあるのでしょうか。

スポーツの世界に限らず「リハビリ」という言葉はよく知られていると思います。

リハビリとは、一般的な解釈として「機能の回復」を指します。

医学的な観点からみると、「怪我の回復」というとき、筋肉の可動域や炎症部位の組織が回復して、客観的に見て元に戻り、ある程度不自由なく動かせるようになった、という状態が指標になります。

一度競技から離れ、治療に専念していても、担当ドクターの「回復」基準をクリアすると現場に戻され、たとえばサッカーだと「コンタクトなしで」や「急なターンはなしで」という量的な制限付きの状態で、「復帰」となります。

制限された状態から復帰するというのは、たしかに妥当なもので、それほどおかしな話ではない、と思われるかもしれません。

しかし、これは「見える範囲」(計測可能な範囲)において「元に戻った」だけ、ともいえます。

たしかに、医療という視点でいくとこれで何も問題ない、正解の流れではありますが、競技という観点からすると、表れていない(測定できない)部分の問題が残っています。

つまり、**見た目の怪我としては治っているにせよ、身体の動かし方、反応の働き方など、動きに関わる部分に問題が残っている可能性がある**、ということです。

スポーツの世界において多くの場合、それが無視されることで、非常に高い確率で怪我が再発します。

わかりやすい例を出しましょう。

COLUMN

膝を壊した選手がいて、治療を受けリハビリを行い、以前と同じような動きができるようになったとします。膝を屈曲させられる角度は戻り、スクワットやレッグカールも元の状態と同じ重さを持ち上げられるようになりました。

しかし、元からの悪いパターン「膝にストレスが集まる動き」は改善していませんでした。その状態で競技に復帰したとしたら……。この選手がまた怪我に見舞われるのは、想像に難くないでしょう。

冒頭にあげた、同じような怪我を重ねてしまうことで、パフォーマンスを発揮できずに競技を引退していく選手たちは、このサイクルに陥ってしまっていたのです。

では、怪我からの復帰を可能にする選手たちには何が起こっていたのでしょう。

怪我をした後に大事になるのが「**リ・アダプテーション**」です。「再適応」という意味です。日本ではまだあまり定着していない考えですが、怪我で辛い経験をしている多くの人を救うことができる概念だと思います。

私はもともとリハビリの仕事を病院で行っていたこともあり、理論のベースにあるのは理学療法士としての知識です。身体の機能を戻していくサポートをし、怪我を再発しないようにするにはどうすればよいのかを考えながら、日々取り組んできました。

しかし、経験を重ねていく中で、そこに何か加えるべき視点があるのではないか、そのプラスαが必要だと思うようになっていきました。

それが、「**怪我の防止とパフォーマンスを上げることをイコールにする**」ということです。

怪我を防止するためにトレーニングしましょう、そのトレーニングでパフォーマンスを上げましょう、ということではありません。

リハビリ（トレーニング）によって、怪我が治っていくのは当たり前で、同時に動き自体も改善されており、パフォーマンスも上がっていて、再発も防ぐことができている状態で復帰できる、というのが「リ・アダプテーション」のイメージです。

何かを付け加えていくようなワークやエクササイズとは違っていて、どちらかというと、今までのあなたにとっては欠けているものがあったので怪我してしまった。しかし、怪我がそれを教えてくれたので、これからはそこを改善するようなトレーニングを実践していきましょう、ということです。

私は以前からこの「再適応」ができていない現実をすごく問題視していました。

治っているはずなのに活躍できない、本調子ではない、復帰したのにまた再発して休むことになってしまったという話は競技の現場では日常茶飯事です。

しかし、立ち止まって考えてみると、やはりこれはおかしなことです。

たしかに、起こりうるすべての怪我を防げるわけではありません。防げる怪我と防げない怪我の分類はきちんとすべきだと思います。しかし、防げない怪我とされているもののうち、防げる怪我（特に再発）が実は多々あるわけです。

私が親交のある多くのスポーツドクターたちも、やはり同じ問題を感じており、医療とパフォーマンスをつなぐ領域（リ・アダプテーション）の不足が怪我の再発の一因になっていると口を揃えます。

この「リ・アダプテーション」という方法は、競技をすることでお金を稼いでいるプロの世界だからこそ大事だ、というものではありません。競技を始めて間もない少年少女にとっても欠かせない考え方になると思っています。

中学生や高校生などで怪我をしてしまい、将来の夢を諦める人も数多くいるでしょう。

スポーツに取り組む学生や指導者までこの考えが浸透することで、間違いなく日本全体の競技レベル上がると考えます。

実践編

身体操作トレーニング

身体操作トレーニングの手順

トレーニングに「探索」を組み込む

トレーニングを実践するにあたり、重要なポイントがありますので、先に説明しておきます。

それは身体の変化を感じることです。感覚の鋭い人はすでにわかっていると思いますが、私たちの身体は外から加わる刺激によって即時に少なからず変化を起こします。

ストレッチや筋トレ直後にそういった変化を感じたことがある人もいると思います。力が出しやすくなったり、柔軟性が上がっていたり、逆に動きにくくなったり。アスリートが競技の直前に身体を叩いたり、細かく動かす仕草もこの作用を狙ったものという側面もあります。

動き（つまりパターン）を改善していくプロセスにおいて、その学習効果を高めるためには、内的集中によって得られる身体の内部で生じる情報に対する感度を高める必要があります。

そのため、トレーニングの最中には感覚センサーに蓋をせず、むしろ高めていくことを目指してください。

方法としては、各トレーニングを終えたら、その度に身体に起こっている変化を積極的に探してください。身体を揺らしたり、四肢を動かしたり、競技動作を行ってみるなど、方法は何でも良いです。ただしパターンが出現しない範囲で動くようにしてください。このような方法を「探索」と呼んでいます。

これまで気づかなかったような小さな変化を感じられるように、研ぎ澄まされた感覚センサーを獲得するのがハイレベルな身体操作へとつながる条件です。

トレーニング全体の流れ

本書では、基本的にどのような競技にも合致するような、「本質的な身体操作」を中心としたトレーニングをご紹介します。トレーニング三階層における基礎階層とデザイン階層に該当します。

これまで解説してきたとおり、トレーニングは、学習と強化を同時に実行するものだという観点から考えると、実施する順序は非常に重要です。

不良パターンの繰り返しで身体がガチガチ、そのような状態のままでは身体は変化しにくく、そのような状態でいくらデザイン階層や変動階層のトレーニングを行っても非効率だからです。

そのため、まずは「柔性」と呼んでいるトレーニング（ストレッチ）を行います。柔軟性を高めるためだけではなく、脱力の練習としての役割、そして感覚センサーを高める役割を持ちます。

柔性トレーニングを十分に行い、次にアクティベーションへと移行します。アクティベーションによりホットゾーンが十分に働きやすい状態を作ってから、強化アクティベーションというデザイン階層のトレーニングへと進みます。不良パターンを抑制しながら力を発揮するという重要なフェーズです。

デザイン階層のトレーニングでは、力やバランスの複合的な発揮が要求されますが、すでに説明したとおり、パターンが出現しやすいシチュエーションです。少しでも不良パターンが出ていることを感じたら、すぐにアクティベーションを行うようにしてください。

最後に、高重心系の身体操作を学習するための基礎部分となるトレーニング設定方法を掲載しています。多くの方が、欧米で発祥したスポーツ、つまり高重心競技に携わっていると思われるので、ぜひ取り組んでみてください。

なお、本格的に身体操作を獲得したい方は、ＪＡＲＴＡのトレーニングサポートをご利用ください（https://jarta.jp）。

柔性トレーニング

考え方の方向性として、身体操作において「柔軟性があればあるほど良い」とは限りません。新体操選手のような柔軟性をプロ野球選手やプロサッカーリーグの選手が追い求めてもパフォーマンスに良い影響はないでしょう。

では、「どこまで柔軟性を高めれば良いのか」という疑問が湧くと思いますが、そのような客観的な指標は存在しません。あくまでも自分の感覚を重視してください。動きやすい、力が出しやすいなど、自分の動きと競技動作の関係性において、最適な柔軟性（状態）を探すイメージです。

そういう意味では、仮に今がベストパフォーマンスだと思うのであれば、柔軟性の向上は不要でしょう。

しかし、パフォーマンスに何らかの課題があって、それを乗り越えていこうというときには柔軟性の向上は重要なポイントになり得ます。新たな動きを学習していく上で必要に応じて柔軟性を高めていってください。

ただし、柔軟性の「低下」にはとにかく敏感になってください。不調や怪我の裏側には必ずといっていいほど柔軟性の低下が関与しています。

柔軟性も含め、怪我をせず長期間活躍できるトップアスリートは、その時の自分に最適な身体の状態を感覚的に理解しています。自分の状態を把握する上で、柔軟性は非常にわかりやすい指標なので、重視するようにしてください。

柔軟性を高めるもう一つの目的は、脱力の技術を高めることです。

この柔性トレーニングを行うことは、すなわち「力を抜く練習」につながっています。従来のストレッチのように引っ張って伸ばすのではなく、テンションがかかった状態から積極的に力を抜くことでさらに伸びていく感覚を養いましょう。この後のトレーニングにはそのような動作学習的な目的があります。

1

お腹ほぐし

❶みぞおち（へそから指四本上）からへそ下あたりまでが範囲となります。

❷ポイントを両手（指四本）で押さえて、背中を丸めると同時に指を中に入れていきます。

❸指が中に入ったら、ぐりぐり動かして、痛みがないか確認します。

❹縦のラインが終わったら、へそを中心に四分割して、そのすべてで同様に指を中に入れて痛みがないか確認してください。

❺もし固いところ、痛みを感じるところがあったら（へそ下が固く、痛くなりやすい傾向があると思います）、その場所を押さえて、鼻から息を吸い、腹式呼吸で腹圧をかけて指を押し返します。このとき可能であれば、腰も膨らませる腰腹呼吸で行ってください。

❻トレーニングを行うに際して、練習前・試合前であれば、押し返しながら口から息を吐くようにします。寝る前であれば、反対に、主に鼻から息を吐くようにしてください。なお、鼻から息を吐くときは、舌を上顎に当てておいてください。

❼探索を行います。

[1]

胡坐か椅子に座る。みぞおちから
へその下あたりまでが範囲

[2-1]

ポイントを押さえる

[2-2]

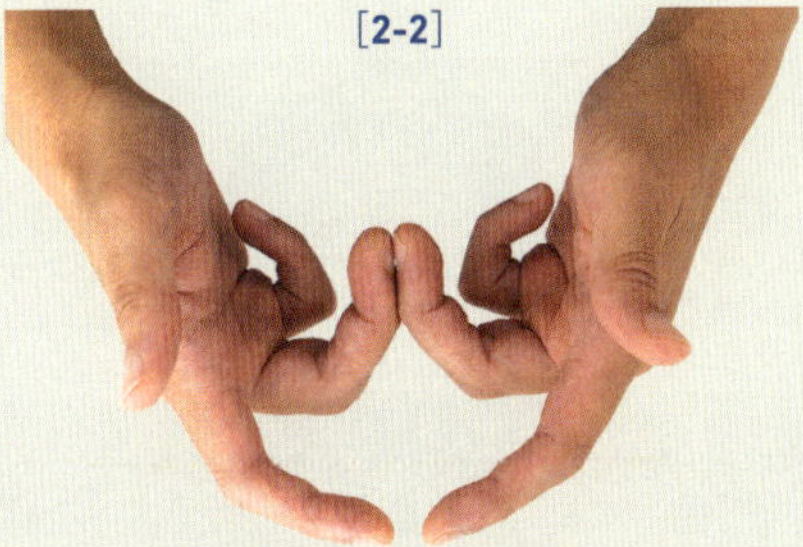

指の形

解説

押してみて固いところは繰り返しの練習が必要なので、姿勢を変えて押してみたり、寝転んでやってみたり、調整してみてください。

なお、みぞおちの上、胸骨が終わる部分の骨の先端は尖っているので、そこは押さえないように注意してください。

このトレーニングはウォーミングアップとしても非常に有効で、ぜひこのトレーニングを行って、「どこも固くない、痛くない」状態を作ってから、競技や練習に入るようにしてほしいです。

内臓は腹膜に包まれています。腹膜は腰椎や骨盤の内側に付着し

[3-1]

背中を丸めると同時に指を中に入れる

[3-2]

横から見た図

[4]

へそを中心に四分割し、
それぞれで同様に行う

[5]

圧痛点を押さえて呼吸→押し返す

ています。もし、お腹が固い状態で運動を行ってしまうと、その付着部が引っ張られて動きにくい状態となってしまうのです。また、お腹が固いことは横隔膜の動きを制限して呼吸も浅くなりやすいので、腹圧が高まらず体幹が不安定となってしまいます。このような状態は腰を固める不良パターンの温床となっています。

よって、そうした状態に陥らないようにするために、このトレーニングを必ず行ってほしいのです。

バリエーションとして、指を入れるのではなく、ボールなどを使って行うこともできます。

2 仙骨割

❶しっかり膝を開いてセッティングします。つま先は伸ばさず、横に向けておきます。
❷両肘を床について身体を支え、体幹が床と平行になるようにします。
❸体幹を前に移動させてお腹を床につけます。
❹そこから引き返すようにして後ろに体幹を移動させ、股関節がしっかり開いて曲がるところまで押し込みます。その際、腰が丸くならないように注意してください。❸と❹を往復します。
❺前後に楽に動けるようになったら、上半身を起こしながら、左右に動かします。鼠径部を折りたたむようにして動いてください。
❻最終的にはお尻をついて座れる状態を目指します。座った際に、腰が丸くなって骨盤が後傾しないように注意してください。骨盤が後傾してしまうとまったく別の動きとなってしまいます。
❼探索を行います。

[1]

両肘で身体を支え、体幹と床が平行に

[2-1]

体幹を前に移動させ、腹を床につける

[2-2]

後ろから見た図

[3-1]

体幹を後ろに戻し、股関節が
曲がるところまで押し込む

[3-2]

後ろから見た図

解説

　このトレーニングの狙いは、仙腸関節に動きを入れることです。仙腸関節は非常に動きの小さい関節ですが、固まってしまうと骨盤の回旋が大回りしてしまい、いわゆる〝キレのある腰の動き〟ができなくなってしまいます。

　また、いわゆる「パワーポジション」（かまえ）で骨盤を前傾させようとして腰が固まって張ってしまうという問題においても、仙骨割を行うことでその改善が期待できます。

　注意点として、必ず膝をしっかり開くようにしてください。つま先を外に向けるポジションなので、

[4-1]

上半身を起こして
左右に動かす

[4-2]

[5-1]

お尻をついて座れる状態
を目指す

[5-2]

横から見た図

[6-1]

キレのある
パワーポジション

[6-2]

NG例 居着いている
パワーポジション

膝の間隔が狭いとスネの骨が外旋して膝に負担がかかってしまうためです。

スタティックとバリスティックの使い分け・回数について

ここから一般的なストレッチに近い形のものが登場します。そこでスタティックストレッチ（静的）とバリスティックストレッチ（動的）の使い分けについて解説しておきます。

スタティックは、筋肉を伸ばした状態で静止し、深呼吸を続けるスタイルです。テンションがかかった状態から積極的に力を抜くことで、徐々に筋肉が伸びていく感覚を追いかけてください。

柔性トレーニングでは、腹・腰・胸・背中を内側から同時に膨らませる深呼吸を三回行ってから逆側へと移行し、それを三セット行うことを基準とします。

注意点として、練習前など、直後に競技動作やトレーニングを行う必要のある場面では行わないようにしてください。スタティックの直後は筋肉の収縮力が一時的に低下するからです。

バリスティックは、関節を動かしながら筋肉を伸ばすスタイルです。筋肉にしっかり刺激が入るので、ウォーミングアップなどに適しています。

スタティックほど丁寧に呼吸することは難しいですが、動きに合わせて呼吸を続けるようにしてください。

注意点として、動きが速すぎたり、無理やり動かそうとすると不良パターンが出現しやすくなるため、パターンを抑制できる速さと動き方を保つようにしてください。回数やセット数は任意ですが、一セット一〇回程度を左右二セットを基準としてください。

3 大臀筋ストレッチ1

❶右脚の膝を90度に曲げ（膝の外側が床に接地）、左脚の膝も90度に曲げます（膝の内側が床に接地）。そこから左脚を伸ばして膝と足の甲が床に着くようにしてください。右脚は下腿部を胸と並行にポジショニングします。

❷左手で、踵をホールドします。

❸身体を持ち上げて、下腿部の中心と胸の中心を合わせて、近づけていきます。

❹できるだけ下腿部中央に近づけた状態でキープし、深呼吸を行います（スタティック）。胸と下腿部を近づける・離すを繰り返すとバリスティックとなります。

❺同様に反対側も行います。

❻探索を行います。

[1]

セッティングポジション

[2]

踵をホールドする

[3]

身体を持ち上げて、下腿部の中心に
身体を近づける

[4]

できるだけ身体を近づけたら、
そこでキープする

[3] と [4] を繰り返すとバリスティック

[5]

反対側も同様に行う

4 大臀筋ストレッチ2

❶大臀筋1の❷の状態から、胸の中心をホールドしている踵の方に近づけていきます。
❷できるだけ踵に近づけた状態でキープし、深呼吸を行います（スタティック）。胸と踵を近づける・離すを繰り返すとバリスティックとなります。
❸同様に反対側も行います。
❹探索を行います。

解説

大臀筋は、下半身で大きな力を発揮する際に、ハムストリングス上半分や内転筋群と協力して主役となる超重要な筋肉です。疲労などで大臀筋が固まってしまうと、膝や腰のトラブルにつながりやすいため、常にこの筋肉の状態には注意を払う必要があります。

ここでは二方向へのストレッチを紹介しましたが、大臀筋は股関節の後方で扇状に付着しているので、余裕があればもっと角度を細分化して行うようにしてください。

[1]

大臀筋ストレッチ1と同様に踵をホールドする

[2]

胸の中心を踵に近づけ、そこでキープする

[1]と[2]を繰り返すとバリスティック

[3]

反対側も同様に行う

5 牛の顔

❶身体の中央で両膝が上下に重なるようにポジショニングします。膝を重ねることが難しい場合は、離れていてもＯＫですが、上側の膝を立てないようにしてください。
❷膝のポジションをキープしたまま、両側のお尻の骨（座骨）が均等に床に着くようにしていきます。大臀筋や腰がストレッチされます。
❸その状態から膝を抱え込むようにして上半身を前方に倒してキープし、深呼吸を行います。バリスティックでは、上半身を倒したり起こしたりを繰り返します。
❹同様に反対側も行います。
❺探索を行います。

[1-1]

身体の中央で両膝を上下に重ねる

[1-2]

無理な場合は腿の上に脛を乗せる

[2]

お尻の骨を床に着ける

[3]

上半身を前方に倒す

解説

牛の顔も、大臀筋をターゲットにしています。大臀筋ストレッチにおける三つめのストレッチ方向という位置付けです。どのような競技であっても大臀筋の重要度は非常に高いので、これらは特に念入りに行うようにしてください。

[4-1]

倒す・起こすを繰り返す

[4-2]

[5-1]

足を組み替えて反対側も同様に行う

[5-2]

[6]

NG

NG例 膝が立ってしまうのはNG。その場合は、まず[1-2]の状態で行うこと

6 胸捻りストレッチ

❶四つ這いになります。大腿部が地面に対して垂直（膝の真上に股関節が来るように）になるようにポジショニングします。この角度は、この後のプロセスでもキープします。つま先は立てずに倒しておきます。
❷顔を前に向けたまま、両手を前に滑らせて胸を床に近づけて伸ばします（胸椎の伸展）。
❸❷の状態から、左脇の下を通して右腕を真横に向けて身体を支えます。胸が捻られて真横（左）に向きます。下半身は動かさないでください。
❹その状態をキープしたまま、左腕を一度真上に向けて伸ばして静止します。そこで一度力みを抜いてから、胸の前で合掌し、深呼吸を行います（スタティック）。合掌せずに上側の腕を外回し・内回しするとバリスティックになります。（それぞれ5回ずつが目安）
❺同様に反対側も行います。
❻仕上げとして、再度❷を行います。
❼探索を行います。

［1］

四つ這い姿勢を取る。大腿部が
地面に対して垂直になるように

［2］

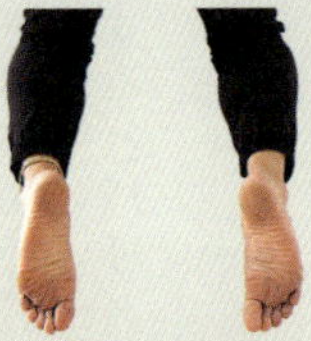

つま先の状態

［3］

両手を前に滑らせて
胸椎が伸展した姿勢に

［4］

脇の下を通し、右腕を真横に。
胸も真横を向く

解説

胸捻りストレッチのターゲットである胸椎や胸郭（肋骨）は、上半身の動きの中心です。そのため、この部位の動きが低下すると肩甲骨や腕の動きが制限されたり、力みが生まれたりします。胸椎は、回旋と伸展の両方を並行して動きを出していく方が効率的に柔軟性が改善していきますので、途中にある胸椎の伸展動作も丁寧に行ってください。

　ストレスなどによっても固くなりやすい部位なので、プレッシャーがかかる状況が多い人は特に念入りに行いつつ、柔軟性の低下には注意してください。

[5]

左腕を真上に伸ばして
静止させてから、合掌

[7]

上側の腕を外回し・内回しすると
バリスティック

[6]

反対側も同様に行う

7 コモドストレッチ

❶うつ伏せになり、左膝を立てて足部を引き寄せます。左足のくるぶしライン（足の内外くるぶしを足裏で結んだライン）に荷重します。
❷右脚は伸ばしたままで、つま先は倒しておきます。右腕は肘を曲げて前腕で支えます。
❸左手のひらで左膝の内側を押さえます。指は下に向けた状態にします。
❹左肩を床に近づけつつ、左手で左膝を押していきます。これらの動きに伴って胸も右に捻っていきます。
❺胸を捻じり切ったら左肘を伸ばし、そのポジションをキープしたまま深呼吸します（スタティック）。反動を使いつつ左肩を床に近づけたり遠ざけたりするとバリスティックになります（20回程度が目安）。
❻同様に反対側も行います。
❼探索を行います。

［1］

うつ伏せ

［2-1］

左膝を立てる。この時、肘を曲げて前腕で上半身を支える

［2-2］

くるぶしラインに荷重する

［2-3］

正面から見た図

解説

身体操作トレーニングにおいてとても重要なターゲット部位が「肩甲骨」「背骨」「股関節」です。どの動きが欠けても高いパフォーマンスは発揮できません。コモドストレッチは、これらの部位に同時にアプローチできる非常に効率の良い方法です。

柔軟性が不足していて肘が伸び切らない場合は、肩をしっかり床に近づけることを優先してください。

［3-1］

手のひらで膝の内側を押さえる

［3-2］

正面から見た図

［4-1］

手で左膝を押し、胸を捻じる

［4-2］

後ろから見た図

[5-1]

胸を捻じり切ったら、
肘を伸ばした状態でキープする

[5-2]

後ろから見た図

[5-3]

正面から見た図

[6-1]

反動を使いつつ、肩を床に近づける／
遠ざけるとバリスティック

[6-2]

[7]

反対側も同様に行う

8 ハムストリングスの溝ほぐし

❶右脚を伸ばした胡座姿勢となり、右膝は少しだけ曲げておきます。

❷右脚モモ裏の中央ラインあたりかつ膝に近いところで筋肉の溝を探します。

❸溝を見つけたら、そこに左手の人差し指から薬指までの三指を沈み込ませます。指や肩に力を入れすぎないように注意してください。

❹❸の状態のまま、上半身を倒してモモ裏をストレッチします。右膝を伸ばし切らないようにしてください。そのまま深呼吸を行います（スタティック）。

❺深呼吸を終えたら、溝に入れる指の位置を徐々に上（お尻の方向）へずらしていき、❹を繰り返します。

❻バリスティックバージョンは、仰向けになり、両手の三指を溝に沈み込ませます。（体幹に対して太ももが垂直ポジション）。その状態から反動を使って下腿部を振るようにして膝を曲げ伸ばしします。一箇所につき10回程度を目安とし、❺と同じく指の位置を変えて繰り返します。

❼同様に反対側も行います。

8 探索を行います。

解説

下半身のホットゾーンの一部でもあるハムストリングスは、坐骨から膝までを結ぶ筋肉で、内側と外側の二種類あります。内外ハムストリングスの間に指を入れることにより「滑走性《かっそうせい》」（滑らかに動く状態）がよくなります。坐骨に近づくにつれて溝は分かりにくくなりますが、できるだけ近くまで溝をくっきりさせるようにしてください。

[1]

右脚を伸ばした胡坐姿勢を取る

[2]

溝を探す

[3]

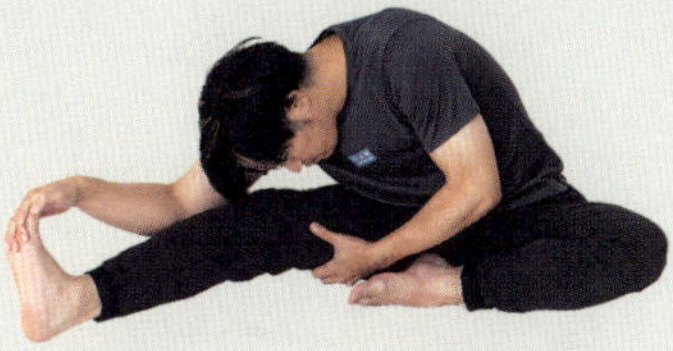

三指を沈み込ませて、上半身を倒す

[4-1]

バリスティック 仰向けになり、三指を溝に沈みこませる

[4-2]

モモ裏の図

[5-1]

反動を使って膝を曲げ伸ばす

[5-2]

[6-1]

反対側も同様に行う

[6-2]

9 肩の内旋+肩甲骨外転ストレッチ

❶椅子または床に座った状態で、左手の甲を腰につけます。

❷右側の手で肘を前方に軽く引っ張ります（肩の内旋）。背中を少し丸めるようにして肩甲骨も前方に動かします（肩甲骨の外転：背骨から肩甲骨が離れる動き）。この時、肩が上がらないように注意してください。

❸肘と肩甲骨が十分に前方に移動したら、その位置を保ったまま、丸めていた背中を伸ばします。肩の後方の伸張感が増します。痛みが強い場合は肘を引っ張る強さを調整してください。

❹その状態をキープし、深呼吸を行います（スタティック）。

❺❸の状態から、背中を丸めたり伸ばしたりを繰り返すとバリスティックになります。

❻同様に反対側も行います。

❼探索を行います。

解説

肩の後ろ側は、「ローテーターカフ」と呼ばれる深部筋群など、腕を強烈に振る際に重要な役割を担う大小の筋肉が集まっています。そのため、野球やテニス、バレーボール、バドミントンなどの競技でこの部位に固さが出てしまうと怪我や不調の原因となります。指標としては、引っ張った肘の先が正面に向くところまでを目指していただきたいところです。ただし、オーバーストレッチで痛めてしまいやすい部位でもあるので、時間をかけて少しずつ行うようにしてください。

［1］

座った状態で腰に手の甲をつける

［2］

反対側の手で肘を引っ張る

［3］

背中を丸める

[4-1]

丸めていた背中を伸ばしてキープし、
深呼吸する

[4-2]

NG

NG例 この時肩が上がらないように
注意する

[5-1]

丸める+伸ばすを繰り返すと
バリスティック

[5-2]

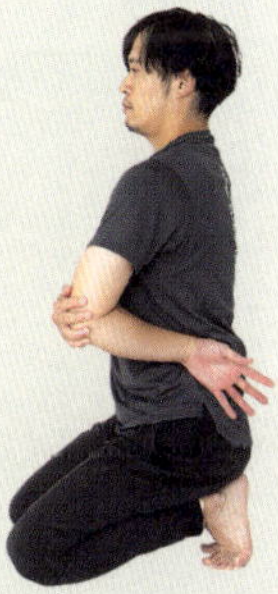

[6]

反対側も同様に行う

10

肋骨ほぐし

❶手のひらの根っこのあたり（手のひらの下半分）を、背中側から肋骨下部に当てます。親指は他の四指に添えておいてください（肋骨をつかまないこと）。

❷押さえている側に背骨を倒しながら、当てている手のひらで肋骨にじわーっと圧をかけていきます。

❸その状態で背泳ぎするように肩を後ろ回しします。この時、肋骨への圧が逃げないように注意してください。

❹徐々に圧をかける位置を上に移動させ動かし、同様に❶〜❸を行います。

❺同様に反対側も行います。

❻探索を行います。

[1-2]

正面からの図

[1-1]

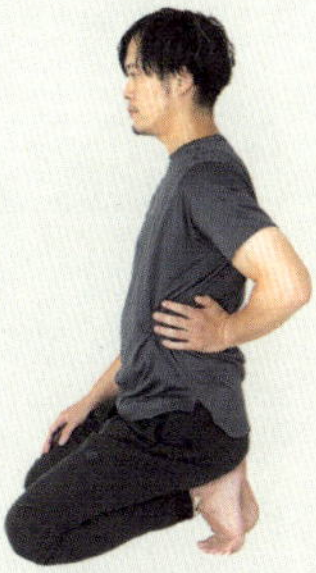

手のひらを肋骨にあてる(下部)

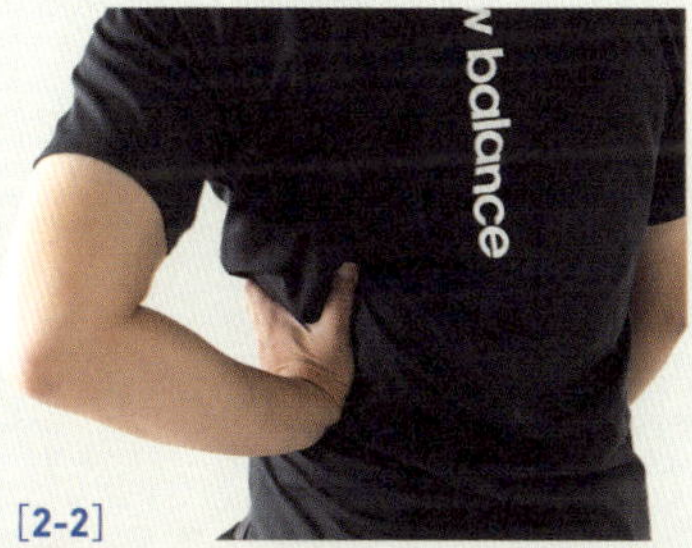

[2-2]

NG

NG例 肋骨をつかまないこと

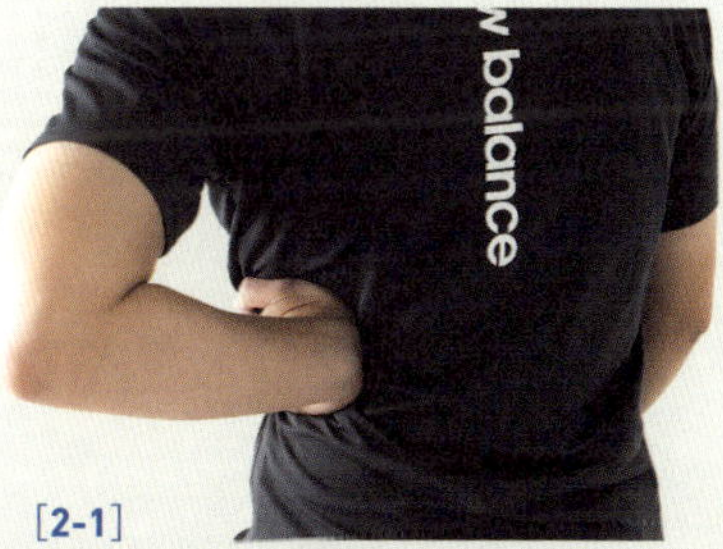

[2-1]

親指は四指に添える

解説

肋骨は、体幹を広範囲にわたって覆い、スプリングのように作用したり、前後左右に少しずつズレ合えることで体幹の複雑な運動を形成しています。肋骨が固まると、肺の動きだけでなく、背骨や肩甲骨の動きに悪影響を及ぼします。また、第4・5章で紹介したスライドポイントが使えなくなってしまうという大きなデメリットも生じます。とても固まりやすい部位でもありますので、なるべく頻繁に行ってください。

[3-1]

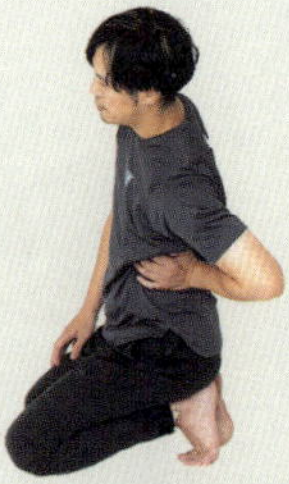

圧をかけて背骨を倒す

[3-2]

正面からの図

[4-1]

肩を後ろに回す

[4-2]

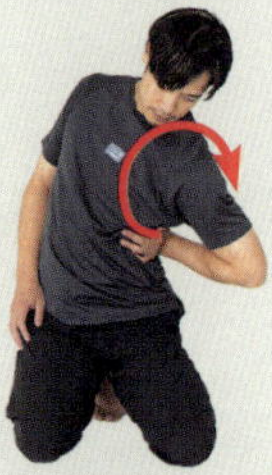

正面からの図

[5-1]

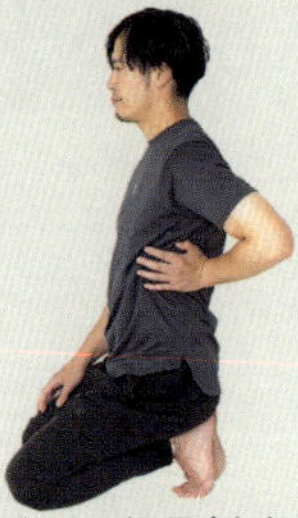

圧をかける位置(中部)

[5-2]

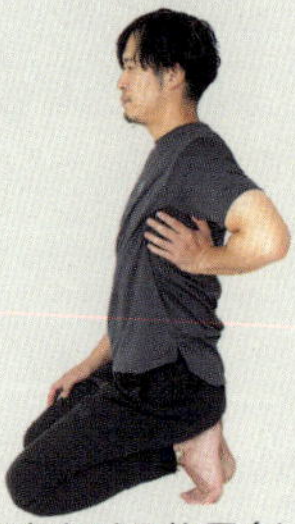

圧をかける位置(上部)

[6]

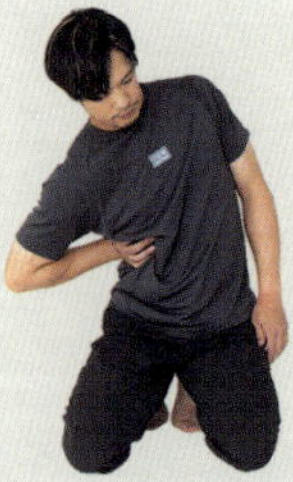

反対側も同様に行う

11 プランクシッティング

❶しゃがんだ状態で、両足を肩幅くらいに開きます。つま先は45度外側に向けてください。

❷両足とも、くるぶしラインで身体を支えます。

❸胸の前で合掌します。合掌した手のひらの付け根の部分を支点として両肘で両膝を内側から押します。

❹両膝の開く方向に圧をかけながら、足幅を少し広げます。

❺あごを軽く引き、へそを前に出すようにして胸を張ります。頭から体幹のラインをできるだけ垂直にし、くるぶしラインの真上に頭の中心が来るようにします。

❻❺のポジションが取れたら、足の内側ラインを5ミリ程度浮かせてください。

❼その状態をキープし、深呼吸を行います（スタティック）。続いて、非常にゆっくりした速度で、交互に足の内側ラインを浮かすように小さな回旋動作を行います。頭が左右にぶれないように注意してください。

❽❼の動きのテンポを上げて行うとバリスティックになります。上下に小さくバウンドを繰り返す方法も必ず行ってください。その際、頭から体幹の垂直ラインが崩れないよう

にキープしてください。特に骨盤の角度が崩れないように注意してください。
❾スタティックもバリスティックも、身体が慣れるまでは、長時間繰り返すと鼠径部がこわばってしまいやすいです。そのため、初期は物足りない程度の量で行ってください。
❿探索を行います。

解説

仙骨割と同様に、仙腸関節に動きを入れることを目的とします。しゃがみポジションなので、股関節を介する形で足部からの影響を受けます。

このことから、トレーニング中に意識していただきたいポイントは二つです。

一つ目は、両側の仙腸関節が外から内に圧迫される感覚を追いかけること、もう一つは、くるぶしラインで支えつつ足部の内側をほんの少し浮かせることです。

そして「すぐに立ち上がれる、かつ最も低くしゃがんだ状態」の両立を目指してください。

これらを正確に実施することが、単なるしゃがみ姿勢とプランクシッティングの差を生み出します。

［1］

両足を肩幅に開く

［2-1］

そのまましゃがむ
（つま先は45度外側に向ける）

［2-2］

横からの図

［3-1］

胸の前で合掌し、
肘で両膝を内側から押す

［3-2］

横からの図

［4］

圧をかけたまま足幅を少し広げ、
胸を張る

[5-1]

[5-2]

足の内側ラインを5ミリ浮かせ、
左右交互に回旋動作を行う

[5-1] 右足の内側ラインを浮かせて右ひねり
[5-2] 右足の内側ラインを浮かせて左ひねり

[6-1]

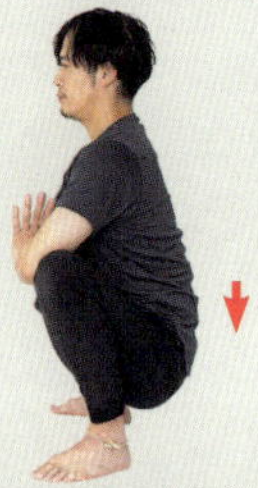

[6-2]

小さく上下にバウンドする

[7-1]

NG

NG例 背中が丸まりすぎている
→ カイゼン しっかり胸を張る

[7-2]

NG

NG例 膝が前に出過ぎている
→ カイゼン くるぶしラインで身体を支える

[7-3]

NG

NG例 足幅が狭すぎる
→ カイゼン 足幅は肩幅程度に開く

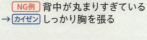

基本立位（軸反動トレーニング）

ここではあらゆる動作の基本となる、立ち方を確認しておきます。

身体操作において、立位は非常に重要な位置付けです。重力下で立つ時、頭から足裏方向へと垂直に大きな力がかかり続けます。しかも人間の身体構造は体重の約一割を占める重い頭部が一番上にあり、全体重を支えているのが二本の細い脚部という、非常に不安定な特徴があります。

重力と骨格構造の両側面から考えると、骨格の重心線と重力線（垂線）が合致することが、最も筋肉による補助が少ない状態＝力みの少ない状態で立てる条件であることがわかります。このラインが崩れると、立っているだけで腰や肩周りなどに力みが生じ続ける状態となってしまうことは明白です。このような崩れた状態が、「真っ直ぐ立っている感覚」の根底にあると、競技動作への影響は甚大です。

以上の理由から、立位は絶対に軽視せず、身体操作の重要項目として扱ってください。

トレーニング方法は以下のとおりです。

12 軸反動トレーニング

❶くるぶしラインを拳で強く叩きます。ジーンとする感覚が出るまで行います。
❷両足部の内側を揃えて立ちます（軸立ちといいます）。
❸くるぶしラインで頭の中心の重さを感じるようにして立ちます。
❹フラフラする感覚を探します。
❺その感覚のまま、小さく全身を上下にゆすります。くるぶしラインで反動を受ける感覚をキープします。身体の半分よりもやや背中側に軸が通る感覚を追いかけてください。
❻普段の足幅に戻し、フラフラ感と軸感を探索します。

以上を頻繁に行い、必ず立位の質を上げ続けてください。長時間立っているだけで腰や肩が張るような状態ではどのようなトレーニングをしても十分な成果は得にくくなります。

[1]

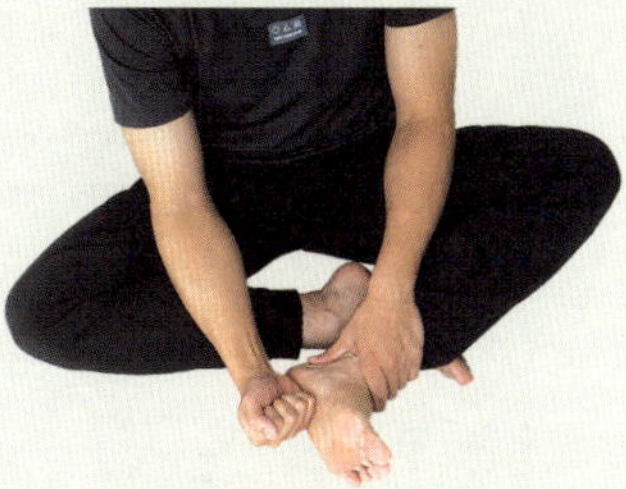

くるぶしラインを叩く(両足)

[2]

軸立ち

[3-1]

[3-2]

上下に小さく素早くゆする

[4]

普段の足幅に戻す

アクティベーション

アクティベーションは、本書で繰り返し主張してきた、「トレーニングとは不良パターンを抑制しつつ今よりも優良な動作パターンの学習と強化を同時に実行する行為である」、ということを成り立たせるために不可欠なものです。

アクティベーションによりホットゾーン（つまり優良パターンで使うべき部位）が十分に働きやすい状態を作ります。その状態でトレーニングや競技動作を行うことで、パフォーマンスが向上する効率は高まります。

そういう理由から、アクティベーションは簡単かつ短時間で行えるように設計されています。また、正確に行うことで即時変化が実感できますので、トレーニングや練習の前はもちろん、隙間時間に行うようにしてください。

13 後ろ脇のアクティベーション

❶両腕を挙げてみて今の状態をチェックします。
❷腕を真横（床と平行）に伸ばしたポジションを取り、45度の角度で後ろ脇を押さえます。（指は人差し指と中指の二本で親指も横に添える）。押すとツボを押さえたような感覚がありますので正確な位置を探してください。
❸そこを押さえたまま、腕をゆっくり回してください。後ろ回しで5回、前回しで5回ほど行います。速く回してしまうと肩に力が入るなど不良パターンが出ることがあるので注意してください。
❹❸を終えたら、❶を行って腕の挙げやすさの変化をチェックします（探索）。挙げやすくなっていたら上手くできています。
❺同様に反対側も行います。
❻再び探索を行います。

[1]

両腕を挙げて状態をチェックする

[2]

腕を真横にあげる

[3-1]

後ろ脇を押さえる

[3-2]

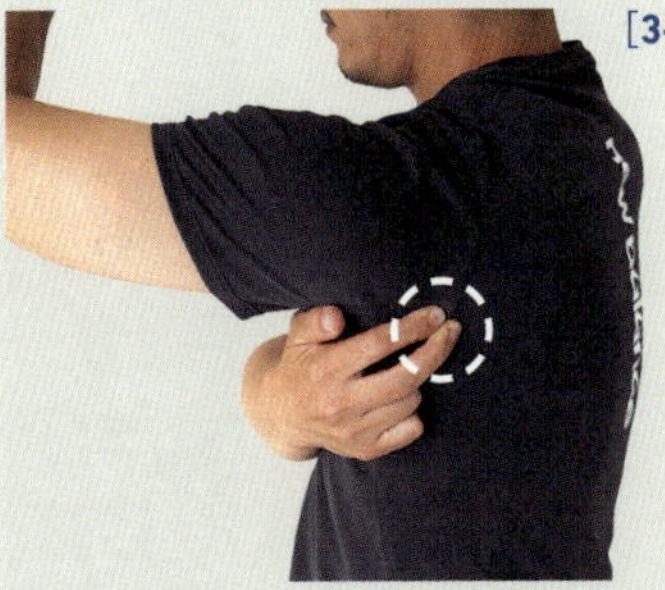

押さえる場所

解説

上半身のホットゾーンである後ろ脇が働きやすくなる状態を作ります。

野球など腕を強く振る競技はもちろん、サッカーや陸上スプリントなど、「腕の振りが下半身の働きをサポート」する運動構造を持つものでもとても重要です。

また、ウエイトトレーニングを含めて、腕を使って行うあらゆるトレーニングで後ろ脇が使えているかどうかが、「学習＋強化」というトレーニングの質を左右します。後ろ脇が抜けてしまうと、それを補うために肩の上部、僧帽筋上部や肩甲挙筋（いわゆる肩こり

[4-1]

[4-2]

後ろ回し、前回しを5回ずつ行う

[5]

挙げやすさを再度チェックする

[6]

反対側も同様に行う

筋）といった抜くべき部位に力が入ってしまうためです。

アクティベーションで押さえる部位を押さえたとき、痛みがある場合は、普段使えていない（血流が滞っている・固まっている）ことを意味しますので、頻度を上げるように心がけてください。

14 みぞおちのアクティベーション

❶立位または座位で行います。立位の場合は、くるぶしラインで立ちます。座位の場合は座骨で支えます。

❷みぞおちの位置に両手の中指と薬指（合計４本）をじんわり沈み込ませます。みぞおちの場所はへそから指四本分挟んだその上です。肩に力みが入らないように注意してください。このアクティベーションの間は常にこの状態をキープします。

❸立位または座位で、背中の力を抜いて丸くなります。このとき頭の位置が大きく前に動かないようにキープします。

❹続いてみぞおちを前に出すように背中を反らせます。この前後の動きを行うときは腰が力まないように注意してください。

❺次に、みぞおちから上部を捻ります。へそが動かないこと、そして重心位置が前後に崩れないようにキープしたまま捻ります。

❻探索を行います。

解説

みぞおちの奥には、第6章で解説した大腰筋と横隔膜が付着しています。大腰筋は上半身と下半身の力の伝達に、横隔膜は腹圧向上において非常に重要な役割を担います。どちらもパフォーマンスの向上に欠かすことができません。

さらには、急激に丸める（体幹を丸める動き）ことが要求される部位であり、その直前の体幹を反らせる動きとセットです。

たとえばサッカーのキック動作や野球のピッチャーなどでは、四肢の加速直前に全身を反らせ、そこから急激に身体を丸める動きが必要ですが、みぞおちの動きが固いと四肢は十分に加速できません（または四肢の力みの原因になります）。

そのため、（回旋を含めて）みぞおちが奥まで柔らかく丸まったり反ったりできる運動性を持つことは非常に重要です。

［1］

くるぶしラインで立ち、みぞおち
（へそから指四本分上）を探す

［2］

両手の中指と薬指を沈み込ませる

［3-1］

背中の力を抜いて丸くなる

［3-2］

横から見た図

［4-1］

みぞおちを前に出すように
背中を反らせる

［4-2］

横から見た図

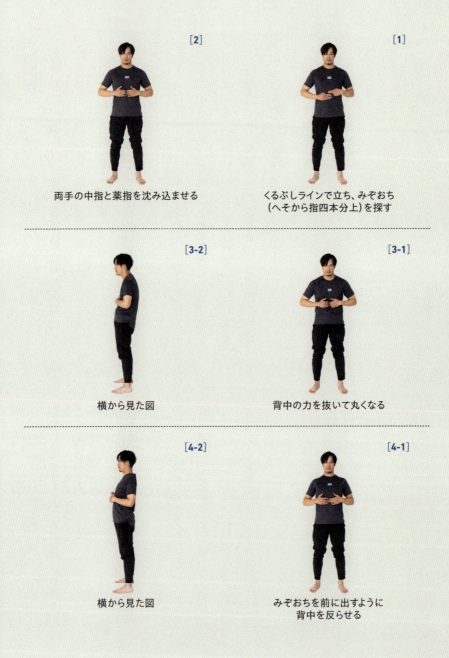

[5-1]

右に捻る

[5-2]

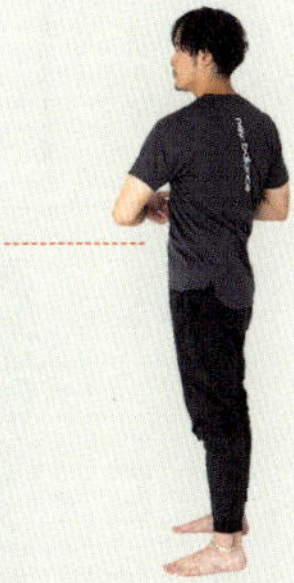

横から見た図

[6-1]

左に捻る

[6-2]

横から見た図

[7-1]

NG例 身体が前に倒れ込んでいる

[7-2]

NG例 へそも一緒に回転してしまっている

15

八の字

❶みぞおちのアクティベーションと同様のポジションをとります。みぞおちに両手の指を沈み込ませます。ほんの少しだけ背中を丸めておいてください。その方がみぞおちの奥まで指が沈みやすいです。

❷その状態をキープしたまま、背泳ぎのように肩をゆっくりと後ろ回しします。指がみぞおちから離れると台無しなので、特に注意してください。頭の位置や重心位置がぶれないようにコントロールしてください。

❸続いて、クロールするように肩を前回しします。注意点は❷と同様ですが、前回しの方が力みや姿勢崩れが起こりやすいので、速度を上げすぎないようにしてください。

❹探索を行います。

[1]

みぞおちの
アクティベーション2と同様、
指を沈みこませる

[2-1]

肩を後ろ回しする

[2-2]

[3-1]

肩を前回しする

[3-2]

解説

八の字トレーニングも、みぞおちのアクティベーションの一つです。みぞおち周りが、かなり複合的な運動になるため、刺激量としても大きくなります。また、肩甲骨の動きや肋骨の動きも向上するようになっているので、なるべく頻繁に行うようにしてください。

みぞおちに沈み込ませた指の部分は、背中やみぞおちが力むと押し出されるような反応が起こるので、指標にしてください。みぞおちは常に柔らかくキープ、指は沈み込んだままで動作を行います。

16 前モモ抜きチェック

アクティベーションに先立ち、前モモの力がどのくらい抜けるかのチェックを行います。身体を支えるときに前モモが固まるという不良パターンを抑制し、モモ裏上半分をしっかり使うためにも、重要なチェックです。

❶右足を半歩前に出してください。
❷前に出した右足に八割くらい体重をかけます。右膝は軽く曲げておいてください。
❸❷の状態で前モモが固まっていないかをチェックします。手で前モモを触って左右に軽く揺らしてみてください。脂肪のように揺れたらバッチリです。

解説

❸の状態は「走り始める時の脚の角度」と同じです。もしこの時、前モモに緊張が入っているとすると、まさに「ブレーキをかけながら走り出す」のと一緒になってしまいます。
しかし、前モモの力みを抜こうと思っても、しっかりとモモ裏上半分（ホットゾーン）で身体を支えることができないと、力みを抜くことができません。よって、次のトレーニングを念入りに行ってみてください。

[1]

立位で右足を半歩前に出す

[2]

出した足に体重をかける

[3]

前モモをゆすって確認

17

モモ裏の内側上半分のアクティベーション

❶右側の座骨の少し下（座骨は内外側ハムストリングスが付着）を二本指で押さえます。

❷押さえた状態で、右足を半歩前に踏み出します（「前モモ抜きチェック」の時と同じ姿勢になります）。

❸右膝を軽く曲げたまま、上半身を倒し込みながらお尻を引き上げます。腰に力みが入らないように、腰とお腹を少し膨らませておきます。

❹右モモ裏の内側上半分にストレッチがかかるように上半身の角度を調整します。当該部位が伸びる感覚が得られたら、そのまま5秒キープ（または深呼吸2回）を2セット行ってください。

❺右側が完了したら、軽く走るなどして変化を感じとります（探索）。

❻同様に反対側も行います。

❼再び探索を行います。

[1-1]

立位で座骨の少し下を二本指で
押さえ、右足を半歩前に出す

[1-2]

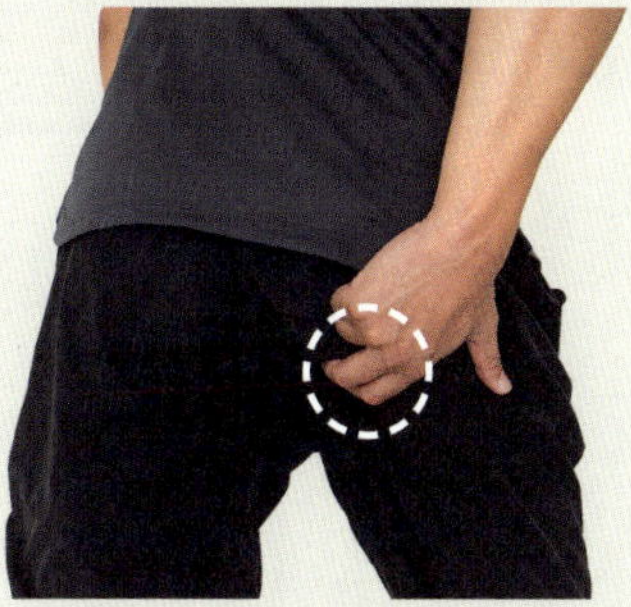

押さえるべき場所

[2]

上体を倒しこみながら
お尻を引き上げる

[3]

上半身の角度を調整し、
モモ裏の内側上半分に
ストレッチがかかるようにする

[4]

反対側も同様に行う

解説

下半身のホットゾーンであるモモ裏の内側上半分が働きやすくなる状態を作ります。この部位はスプリントだけでなく、切り返しやコンタクトなどにおいても、しっかりと働く必要があります。働きが不十分だと、必要以上に腰が落ちてしまったり、前モモを固めてしまうといった非効率な動き（不良パターン）につながってしまいます。

スクワットや競技動作において「膝を前に出さないように」という指導はよくありますが、外見だけでそのようにできたとしても、モモ裏を含むホットゾーンが働いた結果としての外見でなければパフォーマンス向上へはつながりません。

強化アクティベーション

ここからは、アクティベーション要素を強く持ちつつ、ホットゾーンを強化できるタイプのトレーニングをご紹介します。

量をこなすことでかなり強力にホットゾーンを鍛えることができます。トレーニングの合間にアクティベーションを何度も入れるようにしてください。

トレーニング三階層においては「デザイン階層」に該当します。

上半身系

18 レッグショット

❶左膝を腰の高さまで上げて片脚立ちになります。左膝は伸ばさず、下腿部をぶら下げます（左膝の角度は90度）。右脚はくるぶしラインで支えます。
❷上げた脚を両手で支えます。左脚を地面に叩きつけるようにして力を込め、その力に対して両手で抵抗します（下半身ホットゾーンに力が入る）。
❸3秒ほどそのままキープし、急に手を離して足部を床に叩きつけます。くるぶしラインで叩きつけるようにしてください。この時、着地した左足部の位置は、右足部よりもやや後方になるように力の方向をコントロールしてください。10回程度行います。
❹左側が完了したら、軽く走るなどして変化を感じとります（探索）。
❺同様に反対側も行います。
❻再び探索を行います。

［1］

片脚で立ち、足を両手で支える。脚は下向きに力を込め、両手でそれに抵抗する

［2-1］

急に手を離して床に足裏を叩きつける

［2-2］

NG例 前に着地してしまった。足は支えている脚よりやや後ろに着地する

［3-1］

［3-2］

反対側も同様に行う

解説

このトレーニングの最大のポイントは、着地する足部の位置です。必ず軸脚の足部よりも後方です。指標は、くるぶしラインで叩きつけられる範囲です。

無意識に行った時に着地位置が前方になってしまう場合、まだモモ裏上部が十分に使えていない証拠にもなりますので、そういう人は特に念入りに行ってください。「モモ裏の内側上半分のアクティベーション」と組み合わせると非常に効果的です。前モモの力みが抜けるようになるまで繰り返し行ってください。

19 立甲スパイラル

❶うつ伏せになり、肩の真下に肘がくる（真上から見ても横から見ても）ようにポジションを取ります。手のひらは上に向けておきます。
❷肩と耳を遠ざけるようにして、肘にしっかり体重をかけてください。
❸首は脱力して頭を垂らしておきます。
❹肘を支点にして逆ハの字（外旋）に広げてから、戻す（内旋）という動作を、反動をつけながらリズムよく繰り返します。外旋時、瞬間的に力を入れるのがポイントです。動かしている最中に手首が反らないように注意してください。
❺30秒ほどを目安に連続で行います。ピッチャーやテニスなど腕を強烈に振る競技の選手は、30秒×5セット程度行ってください。
❻探索を行います。

[1-1]

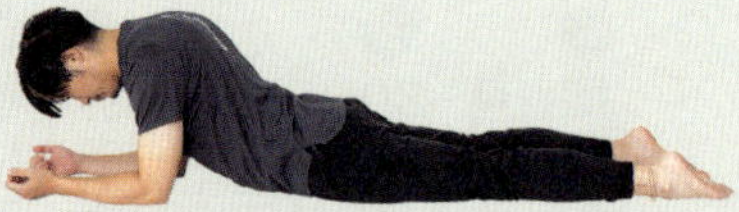

うつ伏せポジションを取る。肩の真下に肘が来る。手のひらは上に向けておく

[1-2]

真上から見た図

[2-1]

肘を支点に逆ハの字に広げる

[2-2]

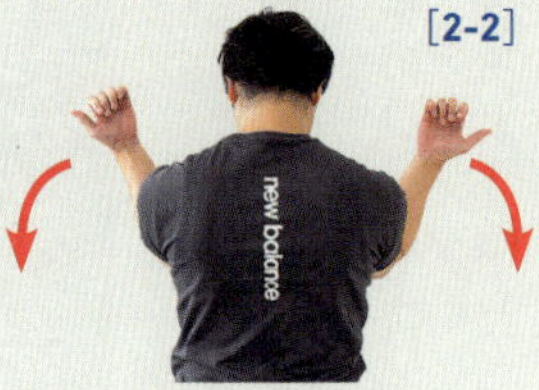

真上から見た図

[3-1]

内側に戻す

[3-2]

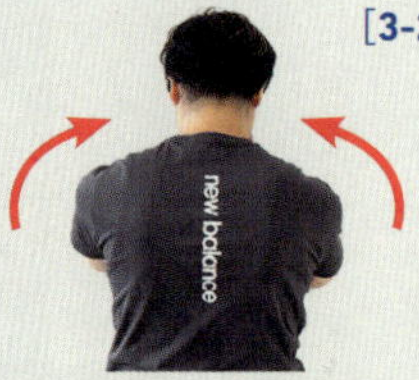

真上から見た図

解説

上半身のホットゾーンである後ろ脇のアクティベーションかつ強化を目的としています。肩関節の回旋が加わることで、後ろ脇だけでなく肩の深部筋群であるローテーターカフの働きも向上します。

そもそも不安定な構造を持つ肩関節（肩甲上腕関節）の安定性が高まり、力の伝達効率が高まります。そのためにも肘にしっかり体重をかけるのがポイントです。

また、肩関節が安定することで肩甲骨周りの力みも抜けやすくなるので、ぜひ探索してみてください。

20 後ろ脇プッシュアップ

❶後ろ脇アクティベーションをしっかり行います。

❷腕立て伏せのポジションをとります。手の位置は、横から見て胸の真下かつ前から見て肩の真下です。手のひらは、付け根かつ外側（尺骨直下）で支えてください。

❸下降フェーズ 肘を曲げる角度は90度以下です。肘は斜め45度方向に折ってください。厳密な角度には拘らず、後ろ脇を使う感覚が入る曲げ方を見つけてください。ただしできるだけ前腕の垂直を保てる範囲内です。大胸筋や三角筋が強く働くのはＮＧです。

❹上昇フェーズ 肘が伸びるところまで上がったら、そこから脇で床を押す感覚で背中をさらに押し上げます（肩甲骨の外転）。この時、背中が丸くならないように注意してください。

❺❸と❹を繰り返します。動作中に手の位置が顔の真下に移動してしまいやすいので、胸の真下をキープしてください。

❻探索を行います。

解説

通常の腕立て伏せでは、大胸筋や三角筋など、「抜くべき部位」に該当するところを使う学習が進む傾向があります。しかし設定を少し工夫すれば腕立て伏せは上半身のホットゾーンを強化するのに非常に効率の良い、学習かつ強化のトレーニングになります。

ポイントは、手と胸の位置関係、肘の曲げ方（角度と方向）、体幹の直線キープ、そしてトレーニング前や合間での後ろ脇のアクティベーションです。

今よりも成長速度を上げるためには、正確な方法だけでなく、隙間時間にいかにアクティベーションができるかが鍵となります。トレーニング前や合間に後ろ脇アクティベーションをしっかり行いましょう。

後ろ脇を使える身体操作がしっかり身についてきたら、さまざまな手の位置や肘の曲げ方にトライしてみてください。どのようなポジションでも後ろ脇を使えるように身体をコントロールしましょう。

［1-1］

後ろ脇アクティベーションを行ってから、
腕立て伏せのポジションを取る。
手の位置は肩の真下に来るようにする

［1-2］

真上から見た図

［2-1］

下降フェーズ 前腕の垂直を保てる範囲で
肘を折る

［2-2］

真上から見た図

［3-1］

上昇フェーズ1 肘が伸びるところまで上げる

［3-2］

真上から見た図

[4-1]

上昇フェーズ2 そこからさらに脇で床を押す感覚で背中を押し上げる

[4-2]

NG

NG例 [4-1] で背中を丸めてはいけない。違いに注意する

[5-1]

NG

NG例 脇が空きすぎている

[5-2]

NG

NG例 肘が身体についてしまっている

[5-3]

NG

NG例 手の位置が肩の真下に来ていない

[5-4]

NG

NG例 肩が力んで上がっている

21 リーニング

❶後ろ脇アクティベーションをしっかり行います。
❷片腕を真上に挙げてスライドポイントを強めに叩きます。
❸壁に対して斜めにもたれかかり、スライドポイントを壁に当てて身体を支えます。壁側の腕を斜め前方に挙げておくと当てやすいです（難しい場合はタオルなどを丸めて当てます）。
❹両足の位置を壁から遠ざけ、姿勢キープがギリギリできるところまで離れます。このとき、スライドポイント成立の三つの条件が崩れないようにキープします（両目・両肩の水平、支持脚から脇までの直線）。
❺そのポジションをキープした状態で、ゆっくり足踏みを行います。脚を入れ替えるときに腰が壁に近づいてしまわないように注意してください。
❻壁から離れて、壁に当てていた側への移動がスムーズになるか確認します（探索）。左右へのステップワークを比較するとわかりやすいです。
❼反対側も同様に行います。

解説

スライドポイント（第5章参照）の有無は、すでに説明したとおり、鋭い方向転換や直接対人競技におけるコンタクトなど、高いパフォーマンスを発揮できるか否かに大きく影響します。

リーニングは、スライドポイントを使う学習と強化を同時に実行すると共に、直後に動きやすくなるというアクティベーションの作用も得られる効率的なトレーニングです。

重要なポイントとして、とにかく腰を壁から遠ざけておいてください。腰が近づくことは、つまり腰を落とす動作を意味しています。つまり、リーニングは高重心系のトレーニングでもあるのです。

[1]

後ろ脇アクティベーションを行ってから、片腕を挙げてスライドポイントを叩く

[2]

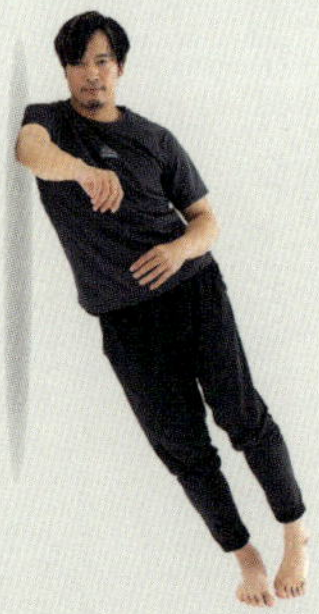

スライドポイントで接触し、壁にもたれかかる

[3]

姿勢がキープできるギリギリまで、壁から足を遠ざける

[4-1]

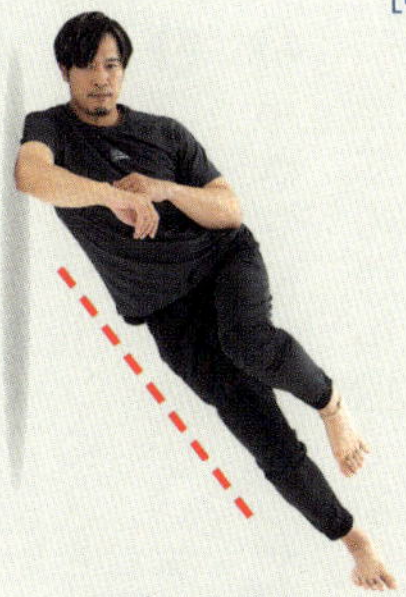

足踏みを行う

[4-2]

[5]

NG例 腰が壁に近づいてしまう

[6]

反対側も同様に行う

下半身系

22 伸脚ハーフ

❶両足を肩幅より少し広く開きます。右つま先を外に向け、左つま先は正面にポジショニングします。動作中、左足はくるぶしライン支持をキープします。

❷左股関節を曲げ、「モモ裏のアクティベーション」と同様の状態を作ります。右脚のホットゾーンにストレッチをかけます。右つま先は踵を支点にして上げておきます。

❸背骨を反ったり、あるいは背中が丸まったりしないように気をつけましょう。

❹小さな反動を使って5回ほどテンションをかけたら左右を入れ替えます。3分ほど繰り返すのが指標です。

❺探索を行います。

［1］

両足を肩幅より開き立つ
（右のつま先は外、左のつま先は正面）

［2］

股関節（ポイント）を指で押さえる

［3］

股関節を曲げる

［4-1］

小さな反動を使って5回ほど
テンションをかけたら左右を入れ替える

［4-2］

23 伸脚フル

❶「伸脚ハーフ」よりも少し足幅を広げてポジショニングします。
❷深くしゃがみます。曲げている左脚の膝の内側に左肩と肘が入る程度まで低くなります。左踵が浮かないように、背中や肩をリラックスさせて丸めます。
❸右脚のホットゾーンにストレッチをかけます。
❹小さな反動を使って5回ほどテンションをかけたら左右を入れ替えます。入れ替え動作は立ち上がらず、伸脚ハーフの股関節ポジションを経由してください。3分ほど繰り返すのが指標です。
❺探索を行います。

解説

ウォーミングアップなどでも行われる種目ですが、設定を工夫すると非常に優れた強化アクティベーショントレーニングになります。

横に伸ばしている側のホットゾーンにしっかりテンションがかかるように、つま先の向きや膝の角度など探しながらコントロールしてください（それ自体が重要なトレーニングです）。

伸脚ハーフのポイントは、軸脚のコントロールです。モモ裏のアクティベーションの動きをしっかり思い出して再現してください。ここが適切にできると、膝が前に出るような不良パターンは抑制できます。

伸脚フルでは、軸足の踵が浮いてしまう人も多いと思いますが、多くの場合、足首の固さが原因ではありません。股関節・骨盤・背骨それぞれの柔軟性や脱力コントロールが原因です。これらが適切に機能すれば、足首の動きは大きく要求されません。

左右の入れ替え動作もトレーニングの対象です。気を抜かず、入れ替え中もホットゾーンをしっかり使ってください。

左右を入れ替える動作は競技動作に頻発します。伸脚に限らず、多くのストレッチやトレーニングで入れ替え動作を蔑ろにする傾向がありますが、入れ替え動作そのものも丁寧に行うようにしてください。

[1]

足幅を広げてポジショニング
（右のつま先は外、左のつま先は正面）

[2]

深くしゃがむ。左脚の膝の内側に
肩と肘が入る

[3]

伸脚ハーフの股関節ポジションを
経由して

[4]

左右を入れ替える

[5]

NG

NG例 伸ばしていない足の踵が浮かないようにする

24 フォワードランジ

❶右膝を腰の高さまで上げ、一度静止します。その際、左側はくるぶしラインで支持してください。
❷くるぶしラインからつま先に体重移動しながら全身を前に傾け、右脚を踏み出します。その際、右足裏全体で強く床を叩くようにして着地します。踵からの着地は特にNGです。足裏を垂直に叩きつけることができると右脚のホットゾーンを使う感覚が入ります。
❸右脚を踏み出した時、左膝はある程度伸ばしておいてください。膝が曲がって床に近づくと、左右の前モモに力みが入ります。
❹踏み出し幅は、❷と❸の動作が適切に行える程度に調整してください。
❺右脚を引いて左右の足を揃え、くるぶしラインで立ちます。
❻左右を入れ替えて繰り返します。徐々に踏み出し幅を増やしていってください。何度か繰り返し、その位置でできるようになったら、少しずつ前後の脚幅を広げていきます。
❼安定してきたら、バーベルなどで負荷を増やすようにしてください。
❽探索を行います。

解説

理論パートでも触れましたが、ランジ動作時に起こりやすい膝の前ズレ問題は、前向きおよび下向きの二つのベクトル成分のアンバランス（下向きベクトルの不足）によるものが大きいです。

このアンバランスを放置したまま「つま先より前に膝が出ないこと」という外見を整えることを優先してしまうと、パフォーマンスに転移しない、または前モモを使うことを覚えるマイナスの学習が進むランジトレーニングになってしまいます。

そもそも、多くの競技動作で前脚を踏み出す目的は、踏み出すことによって得られる力を次の動作に利用することです。骨盤・背骨の回旋だったり、ジャンプだったり、要するにエネルギーを得る「手段」という側面が強いといえます。

それゆえ、ランジトレーニングを競技動作へと転移させるためには、身体のどの部位を使って踏み込んでいるのかは非常に重要となるのです。

踏み込んだ時に前モモに入ってしまったり、膝が前方や側方にぶれてしまうと反力などのエネルギーは分散し、有効に利用できなくなるからです。

後ろ膝を落とさないことの理由も同様で、この動作により前モモが働いてしまうと前モモの筋肉である大腿直筋の作用（骨盤に付着）によって骨盤が固定されます。当然、踏み出したエネルギーを骨盤の回旋に転換することは難しくなります。

[1]

右膝を腰の高さまで上げる。
左脚はくるぶしラインで支持する

[2-1]

全身を前に傾けて着地する

[2-2]
NG

NG例 踵から着地してしまっている

[2-3]
NG

NG例 後ろの膝が折れ曲がっている

[2-4]
NG

NG例 膝がつま先より先に出てしまっている

[3-1]

正面から見た正しい着地姿勢

[3-2]

NG

NG例 膝が内側に入ってしまっている

[4]

慣れてきたら前後の幅を広げる

[5-1]

反対側も同様に行う

[5-2]

[5-3]

25 二段飛ばしでの階段上り

❶できるだけ広い幅で踏み出し、上半身を前傾させて階段を上ります。軸脚の鼠径部にストレッチがかかるところまで踏み出すのが指標で、一般的な階段だと二段飛ばしになると思います。
❷踏み出した側は、つま先荷重にならず、できるだけくるぶしラインに近いところで支えてください。
❸軸脚で地面を蹴るような反動をできるだけ使わないようにしてください。
❹ふらつく場合は段差を減らすか、少しだけ反動を使ってください。
❺探索を行います。

［1］

階段に対してできるだけ広い幅で踏み出す

［2］

上半身を前傾させて階段に上り込む

解説

シンプルな階段上りですが、踏み出し時にホットゾーン、引き上げ時に大腰筋が使えるという重要部位が効率よくトレーニングできる種目です。私自身も駅や空港などの階段は必ずこの上り方をしています。

踏み出し側がつま先荷重になったり、背中を強く力ませたりすると台無しですので、特に注意してください。

初期はふらつくことが多いと思いますが、最終的には反動を使わずに安定してゆっくり上がることができることを目標にして日常的に練習してください。

26 カットフォール

❶足は肩幅程度に開き、くるぶしラインで立ちます。できるだけリラックスします。
❷膝カックンされて崩れ落ちるように一気に落下します。しゃがむという意識ではなく、真下に落下する感覚を追いかけてください。
❸上手く落下できると力を入れていないのにかなりのスピードでしゃがむことができます。
❹落下の衝撃はくるぶしラインと股関節で受けます。
❺探索を行います。

解説

対人競技の思考順序3・【動き出し】（一一八頁）にて解説した「落下トリガー」を学習し強化するためのトレーニングです。全身が一気に落下するほど急激な脱力が要求されます。脚だけでなく肩も背骨も含めて、すべて同時に急脱力し、重力に身を任せて全身で垂直落下します。繰り返していくと、「いつでも落下できる状態」の感覚がわかってきます。それが落下トリガーが使える状態ですので、その感覚の延長線上に競技動作があるようにしてください。

[1]

肩幅で立つ

[2]

一気に落下する。くるぶしラインと
股関節で身体を受け止める

[3-1]

肩幅で立つ

[3-2]

慣れてきたら、
一歩前に落下するようにする

[3-3]

くるぶしラインと股関節で
身体を受け止める

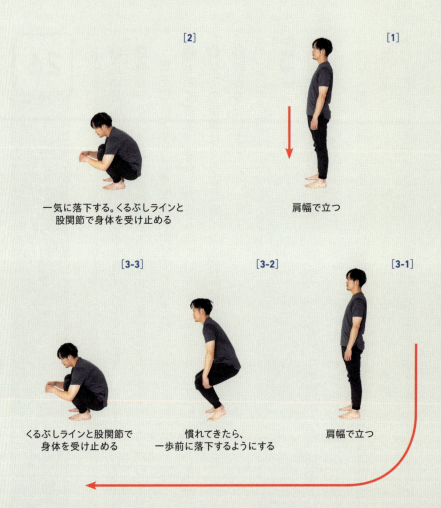

高重心系の身体操作へとつながるトレーニング設定方法

低重心と高重心の感覚の違いについて

第2章でもすでに説明しましたが、私たち日本人は低重心族です。それに対してサッカーやテニスなど多くの競技は高重心族が生み出した高重心競技であり、高重心状態で動けることは競技動作の前提となっています。

それゆえ、私たち低重心族が高重心競技で効率よくパフォーマンスを向上するためには、高重心な身体操作を学習する必要があります。

「低重心感覚」に気づけることはその条件であり、それは我々が心地よいと感じる「安定感」「どっしり感」「踏ん張り感」をもたらしてくれるものです。

日本人においては、この低重心感覚がデフォルトでインストールされていると考えてもらってよいでしょう。

「高重心感覚」というのはその反対で、「フラフラ感」「不安定感」といった感覚が常態となっているものです。これらは低重心族からすると「ちょっと嫌な感じ」と受け取られるものです。高重心族はそうした不安定な感覚の中、腕を使ってバランスをとる、ステップを踏んで切り返す、ということをかなり早い段階（われわれが「ふらつく」と感じるよりももっと前から）とても細かく行っています。

これは「不安定に関するセンサーがより精緻である」といってもよいかもしれません。他の感性として「視野を広く保つ感覚」「すぐに動き出せる感覚」なども備わっています。

こうした高重心感覚についてよくわからないという方も多いかもしれません。しかし、実は最初は皆、高重心感覚を持っていた可能性が高いのです。

歩き出したばかりの幼い子どもや、保育園の子どもたちの動きを見ていると、腕が非常によく動き、手の位置が高く、すぐにバランスを崩します。そのような、どっしり感とは無縁な動作パターンは高重心状態に近く、軽やかです。

低重心が当たり前の社会で、私たちは徐々に心身の低重心な状態を学習していったのではないでしょうか。

身体操作トレーニングによって後天的に高重心を学習、あるいは取り戻すためには、低重心感覚に気づき、そのたびに高重心感覚にスイッチするという、日常も含めた徹底した鍛錬が必要です。

次項で紹介するトレーニング設定方法を用いながら、まずは今より少しでも高重心に近づけるように積み重ねてみてください。

高重心設定1：広く高いぼんやり視野のキープ

トレーニング中、常に広い視野をキープします。また、地面ではなく天井や空が常に視野に入っている高い視野、そして空間全体をぼんやり見る状態を心がけてください。低重心族は不安定さを感じるとすぐに地面を見て腰を落とし、重心を下げる反応を起こします。重心を下げる反応を抑えるのは簡単ではないため、まずはとにかく視野を広く高く、ぼんやり状態をキープすることを最優先事項としてください。

高重心設定2：タンデム立ち

タンデム立ちとは、左右の足を縦一直線に並べる立ちかたのことです。右足を前に置く場合、左つま先が右踵と接するポジショニングです。

本書で紹介しているものに限らず、立位で行うあらゆるトレーニングをタンデム立ちで行ってみましょう。

広く高いぼんやり視野のキープ

[1]

姿勢を高く保って、天井や空が視野に入っている状態。空間全体をぼんやりと見る

[2]

携帯などを見ている姿勢は1とは真逆で、重心を下げてしまうNG例となる

タンデム立ちをすると、左右への重心動揺が極端に感じられるようになります。それは大きな不安定さとして、低重心な反応を引き起こそうとします。低重心な反応とは視野を狭く低くすること、腰を落とすこと、腕・上半身の動きを小さくして安定しようとすることです。

これらの反応は、そもそも「バランスを崩すことは良くないことである」という感覚を持っているが故のものです。実際、大半の選手は「指示されていないのに」、低重心反応を駆使してバランスを保とうとします。

「バランスを崩すのはとにかく良くないことだ」ではなく、「バランスを崩す動きをパワーやスピードに利用する」というぐらいの感覚を身につけてください。

タンデム立ちでのトレーニングとしてまずトライしていただきたいのは、左右の腕を交互に

タンデム立ち

[1-1]

左右の足を
縦一直線に並べる

[1-2]

正面から見た図

[2-1]

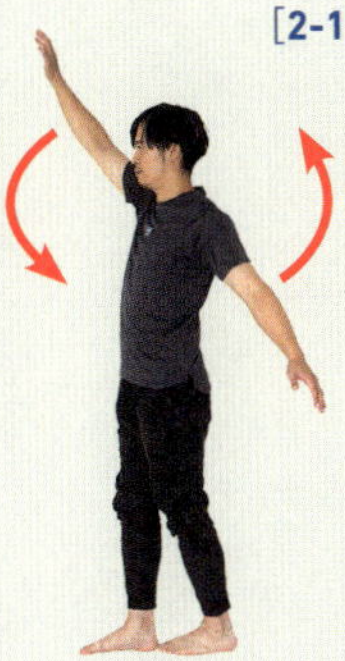

左右の腕を大きく回す

[2-2]

正面から見た図

[3-1]

バランスを崩した状態

[3-2]

正面から見た図

[4]

NG例 崩れそうになった時に、膝を曲げて踏ん張らないようにする

[5-1]

[5-2]

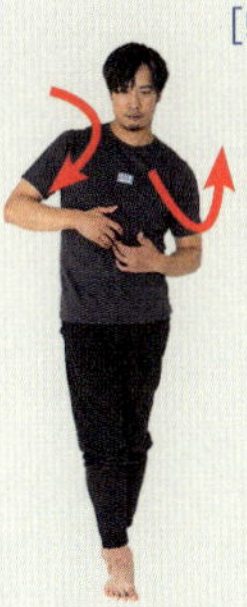

タンデム立ちの状態でみぞおちの
アクティベーションを行う

大きく回すシンプルな動きです。腕の動きが小さくなるなど低重心反応が出やすいので、とてもわかりやすいと思います。

タンデム立ち以外にも、不安定な設定を工夫し、多様な状況で練習するようにしてください。

高重心設定3：感情を出す

低重心と高重心の特徴の違いには、感情表出レベルの違いがあります。低重心では感情を表に出さないことが好まれ、相撲や柔道など低重心競技では感情を大きく表出することはほとんどありません。

対して高重心では感情表出は非常に豊かで、競技中も喜怒哀楽をしっかり表現します。

低重心競技で心身のどっしり安定を生み出すために「腹（肚）や丹田」が重視されるのに対して、高重心では「胸」が重視されます。情熱や気合などを表現する時に胸に触れるように、胸と感情は深い関係にあります。

この関係性を踏まえ、高重心に近づけていくためにはとにかく感情をしっかり出すことを要求します。特に、日本社会では「怒りの感情」を表出することは非常に勇気がいることで、最も不足しているのもこの感情です。特に、相手に影響を与える必要がある対人競技では非常に重要です。

ただ、いきなり怒りの感情を出せ、といわれても普通はなかなか出せませんので、まずはとにかく大きな声を出すことから始めましょう。

黙々とひたむきにトレーニング、みたいな姿が美しく描かれやすいですが、高重心競技、特に対人競技でのトレーニングはものすごく騒がしい状態が望ましいです。

これらは、あくまでも「低重心族が」高重心を身につけるために意識すべきことですので、仮に高重心族が静かにやっていたとしても我々が感情を出す練習をしない理由にはなりません。

高重心状態のチェック指標

チェック動作

1. 連続モモ上げジャンプ
2. クイックサイドステップ（反復横跳び）

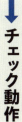

図 29 高重心化の主観的指標

高重心化の主観的指標

- ■視野が広くなる
- ■腕や上半身の動きが大きくしなやかになる
- ■ジャンプしやすくなる
- ■フットワークが軽くなる
- ■踏ん張り感が軽減する
- ■踏ん張る時間が減る
- ■不安定になった時に腰を落とさなくなる
- ■不安定な状態でも腕の動きやステップでバランスをとって対応できる
- ■脚の疲労感が減る
- ■感情を出せる

トレーニングによる変化をチェックするために、こちらの二つの動作をトレーニング前後に行ってください。トレーニング後に、軽い力しか出していないのに動きやすくなっていればうまく高重心状態を作れています。

客観的にも、両動作ともに地面を蹴る時間が短くなるなど、軽やかな動きになっていることを確認してください。

逆に主観・客観でどっしり感や〝しっかり力を出している感〟が増えていれば低重心方向に身体が進んでいることを意味しますので、トレーニングの設定を見直す必要があります。

[1-1] [1-2] [1-3]

連続モモ上げジャンプ

[2-1] [2-2] [2-3]

クイックサイドステップ

高重心状態の主観的指標まとめ

「高重心感覚」のところでも触れましたが、ここで改めて高重心状態の指標をまとめておきます。高重心状態を獲得する上で、現状では計測技術的に客観化（数値化）は極めて難しく、そのため選手の主観が最も重要な指標です（計測できたとしても選手の主観が最も重要なのは変わりませんが）。

トレーニングを重ねることで、【図29】のような状態を感じられるようになってくると、高重心化が進んできたと捉えることができると思います。

トレーニングの効果を高める方法

最後に、トレーニングの効果を高めるための方法をご紹介します。ポイントは以下の三点です。

- **常に力み（固まっていること）を感知しすぐに解除すること**
- **常に最小限の力で行うこと**
- **頻度を増やすこと**

トレーニング中、競技練習中、そして日常生活においても、これら三つを徹底し、繰り返すということ以外、近道はありません。

力みを感知してすぐに解除することに関しては、繰り返し述べてきたことなので、もはや説明は不要だと思います。

常に最小限の力でトレーニングを行うということについては、ほとんどの人が「入れすぎた力を抜こう」と考えてトレーニングを行いますが、「足りない」というくらいのところからトレーニングに入ってほしいと思います。

抜きすぎているくらいから入って、もし必要ならほんの少しずつ足していく過程で最適状態を目指す。リラックスするのが得意な選手というのは、こちらが「もう少し力を入れてみましょうか」といわなくてはならないくらい、力が抜けた状態で動作に入っています。

それは良い意味で「適当にやっている」ということでもあると思います。ガチガチに入った力を抜くのが上手いわけではなく、そもそも余分に力を入れないようにしている（しかし、いざというときにはしっかり全力を出せる）ということなのです。ぜひ「足りないくらい」のギリギリ力で競技動作やトレーニングを行う習慣をつけてください。

もちろん、立ち方もギリギリ立っていられる程度まで力を抜くように心がけてください。

頻度に関しては、とにかく頻繁に行うことが重要です。なぜなら、これまで無意識に培ってきた動作パターンをより優れたものに上書きしていくためには、脳が変容していくことが必要だからです。

脳が新たな動作パターンを採用しなければ、既存のパターンは変わりません。脳が重要と判断する基準の一つが、「頻度」だからです。

それゆえ、トレーニングでは、パターンをいかに効率よく改善するか＝いかに頻度を高く確保できるかが鍵となります。

プロ選手、プロを目指している選手であれば、柔性トレーニングは一日に一二セットを、アクティベーションは可能な限り高頻度で、といった指標を提示しています。一二セットの内容は同じものでも、さまざまな種類のものを選んでも大丈夫です。また、一度に五セット行うなどとまとめるのではなく、「身体が固まっている時間をできるだけ減らす」という視点である程度分散させて実施してください。

そこで、頻度を確保するための流れを、社会人選手を例にご紹介したいと思います。以下を参考にして、ご自身の生活の中で、柔性トレーニングあるいはアクティベーションを入れられる隙間を探してみてください。

図 30　一日のトレーニングルーティン

一日のトレーニングルーティン

朝

■起床前に柔性トレーニングを三種類ほど（推奨：仙骨割・胸捻り・コモドストレッチ）
→スタティック、バリスティックどちらでもOK

■着替える際に後ろ脇とみぞおちのアクティベーション、肋骨ほぐし、八の字

■朝食前にお腹ほぐし

職場への移動～仕事前

■階段の二段飛ばし上りを実施（その前にモモ裏アクティベーション）

■電車内や信号待ちでは基本立位

仕事中

■同じ姿勢が続いてしまった時に身体が固まっていることに気づくこと

■気づいたらすぐにほぐす

■立った時にアクティベーションを最低一つ

■服装的に可能な場合は、昼休みなどに柔性トレーニングを三種類ほど
→スタティック、バリスティックどちらでもOK

練習前

■全体アップがある場合はその前に必ず個人アップ
→各種柔性トレーニングのバリスティック、アクティベーション、強化アクティベーションを中心に

■全体アップの途中にも、アクティベーション

練習中

■メニューの切り替えや順番待ちなど、あらゆる隙間でアクティベーション

練習後

■柔性トレーニングをスタティックで（あまり集中せず少しダラダラしながら行うこと）
→全体クールダウンがあっても個人で実施

就寝前

■できるだけすべての柔性トレーニングをスタティックで
→酷使した部位、固さや疲労の蓄積を感じる部位は特に念入りに

■お腹ほぐし、肋骨ほぐしは必須

どれも非常に地味な動きで、細かい注意点も多いものばかりですが、トレーニングをパフォーマンスに転移させるための本質はこういう部分だと確信しています。

一日中身体のことに意識を向けていなければならない、そう思われるかもしれませんが、本気で上を目指す人にとっては、これが当たり前ぐらいの位置付けで過ごしていただきたいと思っています。

私が大切にしている言葉の一つに、「行住坐臥《ぎょうじゅうざが》」というものがあります。日常の立ち居振る舞いのすべてが修行の対象であるという意味で解釈しています。選手だけでなく、指導側の方々にとっても、重要な視点ではないでしょうか。

私自身も、スポーツトレーナーやフィジカルコーチとしての自分の行動が、常に選手のパフォーマンスアップにつながっているかを考えながら、これからも行動し続けたいと思います。すべてはパフォーマンスアップのために。

おわりに

ここまで読んでいただき、ありがとうございました。

本書はトレーニングの選択についての考え方、選択に関与する事柄を掘り下げることを目的として執筆しました。

SNSなどで、トレーニングの「方法」そのものはいくらでも無料で入手できるようになりました。その一方で、数多のトレーニングの中から「何をすべきなのか」という選択の重要度が相対的に大きく高まることになっています。

多くの発信者による「これこそが正しいトレーニングである」といった旨の主張が飛び交う中、あなたはこれまでどのようにトレーニングを選択してきたでしょうか。

選手自身が、指導者が、そして我々トレーナーがどのようにトレーニングを選択していくのかというプロセスは、努力の方向性を決定づけるという意味で非常に慎重に扱うべき部分です。

トレーニングは、プロ選手がやっているから、強豪チームがやっているから、流行っているから、論文にエビデンスが書いてあるから、などという理由で安易に選択できる性質のものではありません。

トレーニングの良し悪し、つまりパフォーマンス向上への有効性は「どんなトレーニングをするのか」という一つの要素だけでは定まらず、「誰がやるのか・なぜやるのか」の三つの要素が揃うことではじめて決まります。どれかが欠け、トレーニングの選択がうまくいかないことは、「努力と成果のギャップ」を生み出すことにつながります。

冒頭でお話ししたとおり、私自身もトレーニングの選択がうまくいかずに苦しんだ経験を持ちます。どれだけ頑張っても、どれだけ身体が変わっても、怪我が良くならずパフォーマンスが上がらない状況は、心身を追い込み、スポーツをする楽しさから遠ざかってしまいます。

練習のしんどさも、試合に勝つ喜びも、負ける悔しさも、どれもスポーツの楽しさだと私は思っていますが、これらは全力でプレーできてこそ本当の意味で味わえるものです。

怪我を防ぐこと。パフォーマンスが上がること。この二つのシンプルな目的に集約されるであろうトレーニングという代物を、どれだけ有効なものにできるかはあなたやあなたに関わるトレーナーの選択次第です。

少し話はそれますが、私には五人の子どもがいます。小学校高学年、中学生、高校生になっている息子たちはサッカー、バスケ、野球、とそれぞれ異なったスポーツをやっています。まだ低学年の娘たちも、ピアノやものづくりなどに夢中です。

本書で繰り返してきたトレーニングの選択というテーマは、抽象度を上げていくと「人生における選択」へとつながっていきます。

そういう意味で、この本は「選択」という重大なテーマにおける父から子へのメッセージでもありました。部活や勉強で忙しいはずなので、このあとがきを読んでくれるのはまだまだ先のことになりそうですが、いつか彼らの目にとまることを願っています。


人生は本当に選択の連続です。決断といえるような大きな選択から、レストランで何を食べるのかといった小さな選択まで、私たちは自覚のあるなしにかかわらず、一日に二万回とも三万回ともいわれる選択をし続けています。

簡単な選択も、難しい選択も、たくさんあると思います。私自身も日々迷いながらいろんなことを選択しています。

常に理由がしっかりある選択ばかりではないし、後悔することだってあるかもしれません。けれど、選択した事実自体は取り消すことができません。もし何かを失ったら、それを取り戻すことができないことだってあるかもしれません。


でも、だからこそやるべきことは、その選択への後悔に時間を奪われることではなくて、いつか「あの選択があったからこそ」と思えるように行動すること。

そうすれば、そのときにうまくいったかどうかよりも、自分自身で選択したことそのものに価値が生まれます。

私はそれこそが成長の糧になると信じています。

だから常に「自分自身で選択している」という感覚を大事にしてください。選択を、選択の結果起こったことを、決して他者のせいにしないでください。うまくいかないことを他者のせいにすることを続ける人生にしないでください。


少し説教くさくなりましたが、パフォーマンス向上とは、つまり成長現象で、成長現象には身体の成長だけでなく心の成長も関わります。本文で書けなかった部分なので、どうかご了承ください。


心の成長という視点では、選手自身もトレーニングの選択を指導者任せにするのではなく、「なぜこれをやるのか」、返された理由に対してさらに「それはなぜか」というぐらい、納得できるまで突き詰め、その上で「選択」するといった姿勢が必要です。

「やらされている」という気持ちが少しでもある間は、努力と成果のギャップは小さくなりません。トレーニング方法の問題ではなく、心の在り方が原因です。

本文で述べている理論ももちろんしっかり理解してほしいですが、自分の身体や心の声にもしっかり耳を傾け、最後はそのトレーニング方法を自分で選択しているという自覚を持って取り組んでみてください。

きっと身体は応えてくれます。

本書が皆さんのパフォーマンスアップに少しでも貢献できることを願っております。

最後になりましたが、本書を執筆・出版するにあたり支えていただいた多くの方々に心より感謝申し上げます。

二〇二四年一〇月吉日

中野 崇

著者について

中野 崇（なかの・たかし）

スポーツトレーナー。フィジカルコーチ。理学療法士。株式会社JARTA international代表取締役。

1980年生まれ。大阪教育大学教育学部障害児教育学科（バイオメカニクス研究室）卒業。2013年にJARTAを設立し、国内外のプロアスリートへの身体操作トレーニング指導およびスポーツトレーナーの育成に携わる。イタリアのトレーナー協会であるAPF（Accademia Preparatori Fisici）で日本人として初めてSOCIO ONORATO（名誉会員）となる。イタリアプロラグビーFiamme oroコーチを務める。

また、東京2020パラリンピック競技大会ではブラインドサッカー日本代表フィジカルコーチとして選手を支えた。

YouTubeをはじめとするSNSでは、プロ選手たちがパフォーマンスを高めるために使ってきたノウハウを一般の人でも実践できる形で紹介・発信している。

著書に『最強の身体能力：プロが実践する脱力スキルの鍛え方』（かんき出版）がある。

［YouTube］youtube.com/@JARTAnakano
［Instagram］tak.nakano
［X］@nakanobodysync

ハイ・パフォーマンス理論《りろん》
――競技場《ピッチ》に立つ前に知っておきたい「からだ」のこと

2024年11月20日　初版

著　者　中野 崇
発行者　株式会社晶文社
東京都千代田区神田神保町1-11　〒101-0051
電話　03-3518-4940（代表）・4942（編集）
URL https://www.shobunsha.co.jp
印刷・製本　ベクトル印刷株式会社

ISBN978-4-7949-7441-9　Printed in Japan

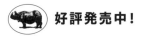